# 津田蘭子の「ミシンの困った！」解決BOOK

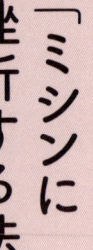
コミック解説だから楽しく読めるサクッとわかる！

かがり縫いができたらポケット付きに

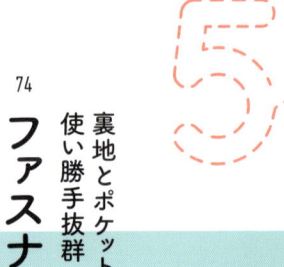

あー
全然ダメだ！
うまくいかない〜

この本の著者

糸がグチャグチャ
途中で止まる
変な音がする…

ピー
ピー

ガガ…

このミシン
壊れてるよ！
もうヤダ〜！

やめた
やめた

タタタタ…

ん？

ごろーん

カンタン
バッグ

ハイ
できた
ミシン
壊れて
なかったよ

だ
だれ？

私は
未来から来た
あんただよ

まさか
あそこ
から？

とびおき。

さあ、ミシン沼へご一緒に！

# 「ミシンに挫折する法則」から抜け出す！

## ～ミシンの基礎知識

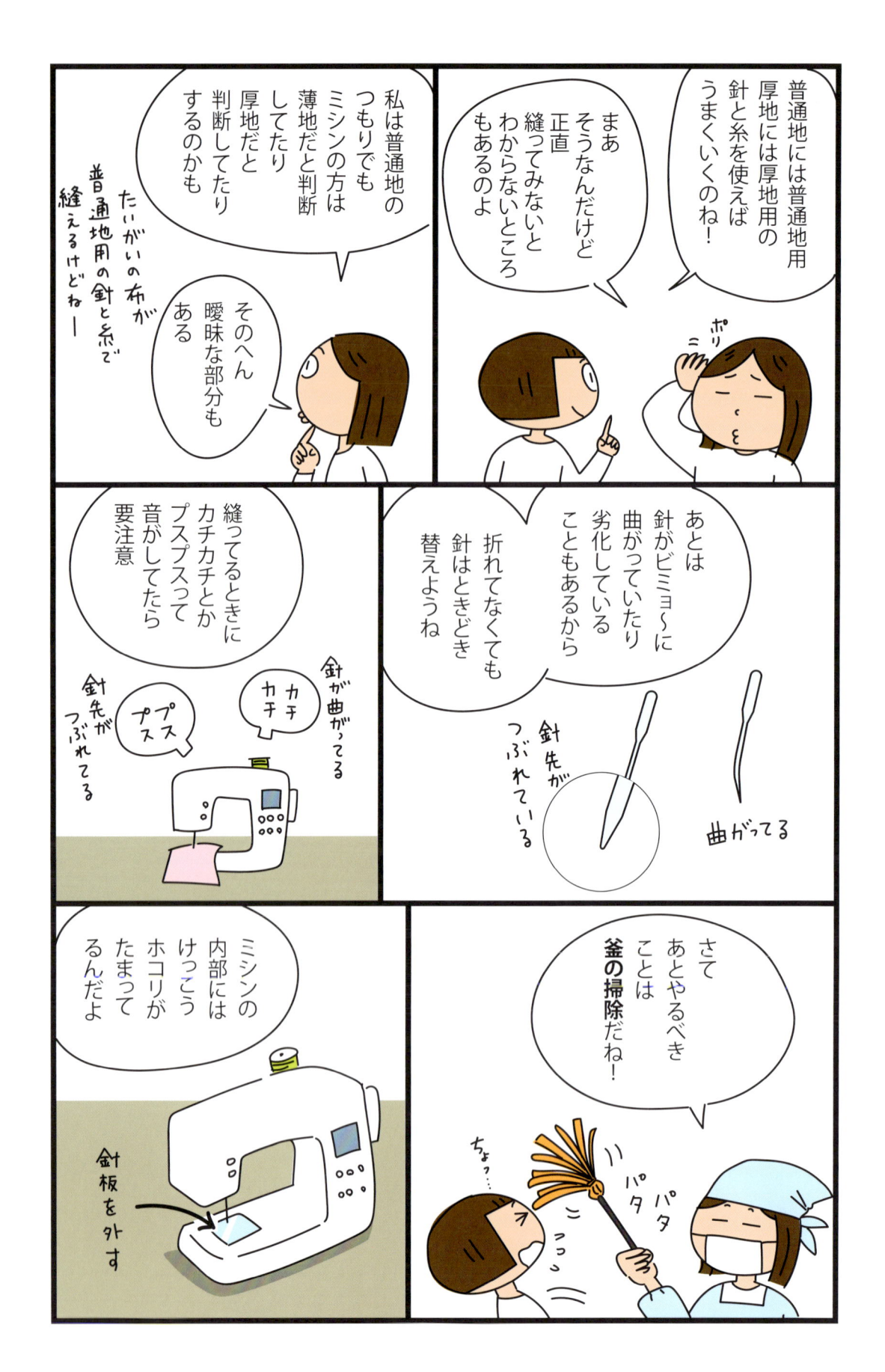

※写真は、ブラザー製「COMPAL1100」です。

まずは家庭用ミシンの各部の名前と働きを見てみよう

細部は違えどだいたいの家庭用ミシンは同じような作りになってるよ

## 天秤

上糸を必ずかける箇所。上糸を必要量引き出したり、戻したりしながら、縫い目を引き締める役割。

## 糸調子ダイヤル

上糸の調子を調整するためのダイヤル。自動糸調子機能のついたものや、液晶画面で設定する機種もある。

上ぶたを開けたところ

糸こま押え

スピード　ゆっくり・・・・はやく

COMPAL

## 糸案内

上糸をかける際、最初に上糸を経由させる箇所。

## 糸たて棒

上糸を差し込む棒。上糸の糸こまの大きさに合った「糸こま押え」をはめる。

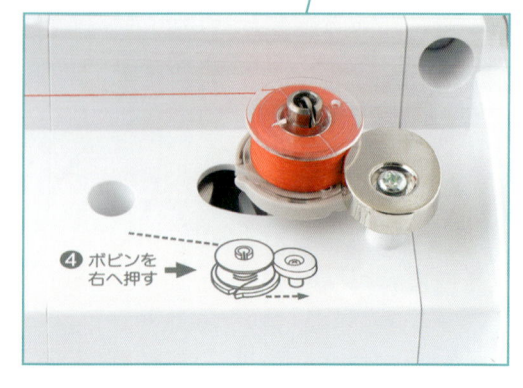

❹ ボビンを右へ押す

## 下糸巻き装置

ボビンに下糸を巻くための装置。ボビンを差し込む「下糸巻き軸」を右にしたままだと、ミシンが動かないので要注意。

## 操作スイッチ

「スタート」「ストップ」「返し縫い」などのスイッチがある。機種によって、スイッチの種類はさまざま。

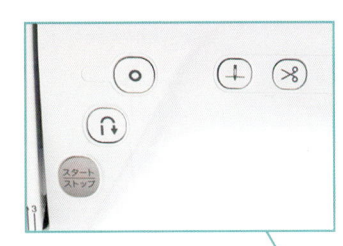

## スピードコントロールレバー

縫うスピードをコントロールしたいとき、左右にレバーを動かし調整する。

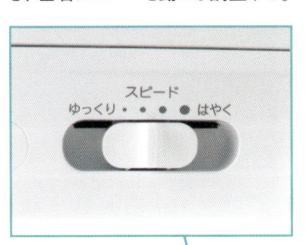

## プーリー（はずみ車）

針を上げ下げしたり、1針ずつ縫い目を送ったりするときに使用。必ず手前に回し、上糸をかけるときは正しい位置であることを確認する。

## 糸通しレバー

糸通し装置に上糸をセットし、糸通しレバーを下ろせば、上糸を針穴に通せる。

## 糸道

上糸をかける際、糸を通す部分。

## テーブル

布を広げる場所。袖など筒状のものを縫う場合にははずしたり、大きなものを縫うときはサイドテーブルをつけるなど、縫うものに合わせて調整可能。

**ミシンの裏側**

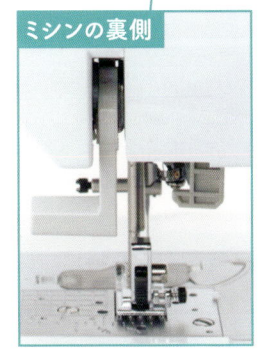

## 押えレバー

押えを上げ下げするレバー。また上糸をかけるときは、必ずレバーを上げること（レバーを上げると、ミシン内の糸調子皿が開くため）。

## ふところ

針より右側の空間。カーテンやワンピースなど、大きなものを縫うときは、ふところが大きいと楽。

## 操作パネル

ミシンの各種設定（縫い目の長短・振り幅など）を行う。コンピューターミシンでは液晶画面パネル、電子ミシンではダイヤル式の場合が多い。

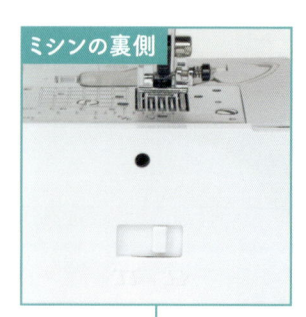

ミシンの裏側

## ドロップレバー

ミシンの背面にある、送り歯を上げ下げするためのレバー。フリーモーション（送り歯を下げて自由に布を動かす）キルトなどで使用。
※ドロップレバーの位置は、機種によって異なる。

## 送り歯

ギザギザの形状で、布をつかんで送る。歯の数や長さによって、布を送る強さが変わる。

## 針板

針の落ちる穴のまわりの金属板。布を縫いやすくするための便利なガイドがついている。このガイドに布端を合わせて縫えば、縫い目が歪みにくいので活用しよう。

## 針板カバー

内釜の掃除をするときには、ここを外して中を露出させて作業する。

## 押えホルダー

押えを取り付けるためのホルダー。押えの種類によっては、ホルダーごとはずすこともある。

## 押え

布地を押さえるためのもの。「ファスナー押え」「ボタンホール押え」など用途に合わせて付け替える。

## 針板ふた

内釜の上をふさぐふた。ボビンを入れる際にははずす。中が見える半透明のふたが多い。

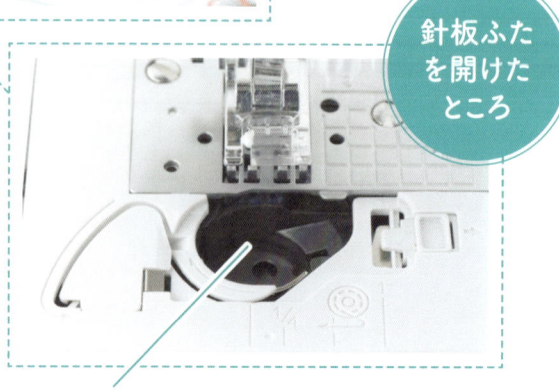

針板ふたを開けたところ

メーカーによって名称などは多少ちがう

自分のミシンと見比べてみてね

## 内釜

下糸を巻いたボビンをはめ込むところ。家庭用ミシンの場合、水平釜が多い。

※写真は、ブラザー製「COMPAL1100」です。

## 糸のかけ方

### 下糸をボビンに巻く

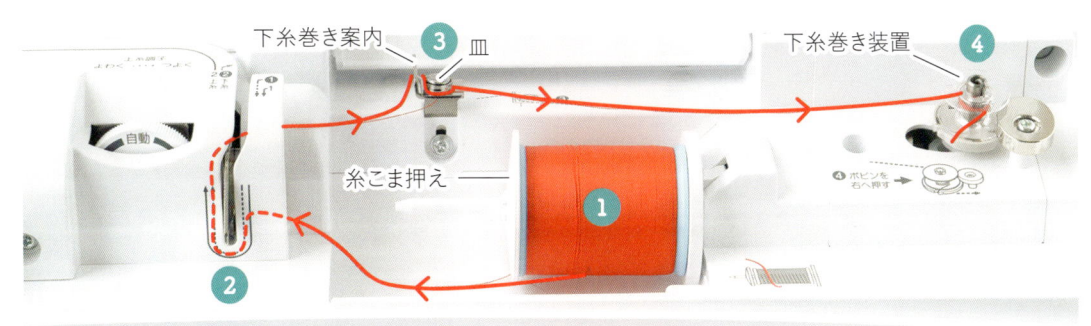

下糸巻き案内　❸　皿　　　　　　　　　　　　下糸巻き装置　❹

自動

糸こま押え

❶

❷

## 下糸を巻き始めてから終了まで

❺　もしボビンに均等に糸が巻けないときは、目打ちで糸を誘導させる。特に問題なければ、何もしなくて大丈夫。

❻　巻き終わったら、ミシンが自動的に止まる。ハサミ、もしくは付属のカッターで糸を切って完了。

❼　巻き終わったら、下糸巻き装置を元の位置に戻す。

## ボビンまでの糸のセット方法

❶　上糸を、糸が手前下から出てくるようにセット。次に付属の「糸こま押え」をつけて、しっかり固定する。

❷　「糸案内」に糸をかける。

❸　「下糸巻き案内」と「皿」を経由させる。

❹　ボビンに糸を巻きつけ、ボビンを右に押す。スイッチボタンを押す（下糸を巻き始める）。

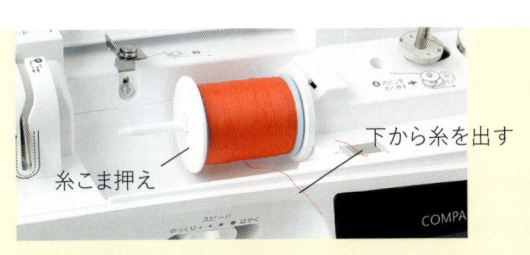

糸こま押え　　　　　　　　下から糸を出す

COMPA

### 糸こま押えでしっかり固定

手前下から糸が出てくるように糸こまをセットしたら、糸こま押えでしっかりとめる。

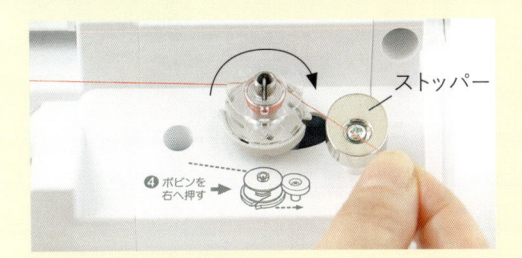

ストッパー

④ボビンを
右へ押す

### 時計回りに糸を巻く

糸をピンと張り、時計回りにボビンに5〜6回、巻きつける（機種によって、ボビンの穴に糸を通すタイプも）。次に、ストッパーに当たるまで、ボビンを右へ押す（ボビン受け座にカッター溝がある場合、余分な糸をカット）。

## POINT！

11.5mm

### 純正品のボビンを使用

ミシン各メーカー純正品ボビンは、厚さ11.5mmのプラスチック製で統一。形や厚みが違うと故障の原因になるので、要注意。

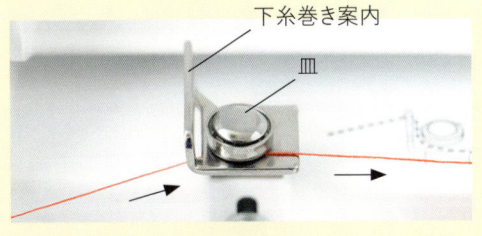

下糸巻き案内

皿

### 糸かけできているか確認

「下糸巻き案内」と「皿」に糸がきちんとかかっていないと、ボビンにきれいに糸が巻きつかない。奥までしっかり糸をかけること。

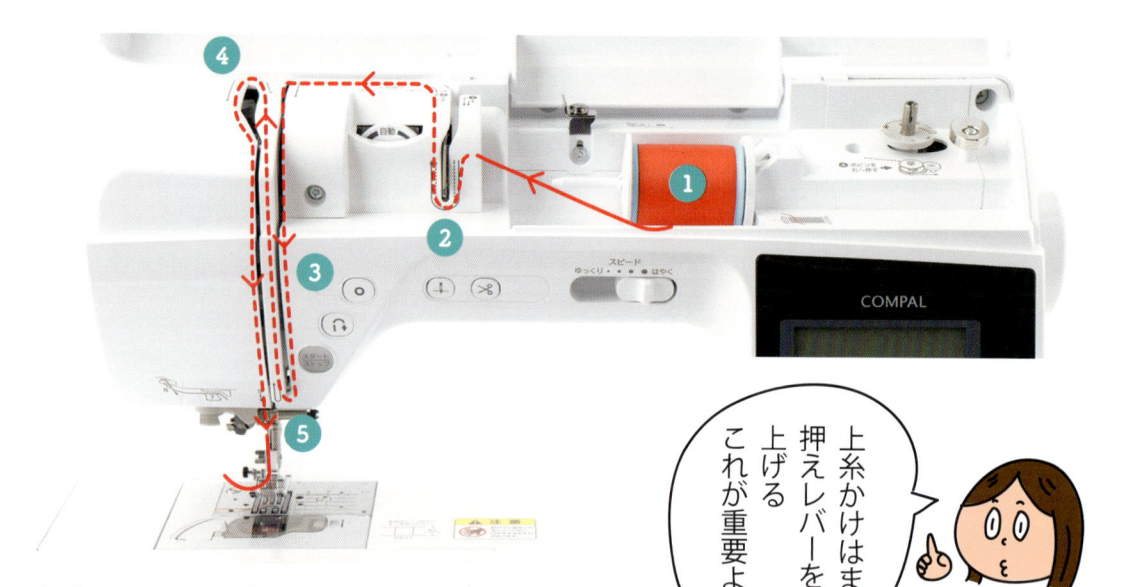

上糸かけはまず押えレバーを上げるこれが重要よ！

## 上糸をかけて、針を通すまでの方法

1. 糸こまを、糸が手前下から出てくるようにセット。次に付属の「糸こま押え」をつけて、しっかり固定する（15ページ参照）。

2. 「糸案内」に糸をかける。

3. 糸を「糸道」の下までかけ、上へ糸を引っぱる。

4. 「天秤」に糸をかける。

5. 針の取り付け位置近くにある「針棒糸かけ」に糸を通す（針の上に糸かけがある機種は、先にそこに糸を通す）

6. 手前から奥に向かって糸を針穴に通す（糸通し装置付きの機種は、取扱説明書にのっとり糸を針に通す）。

5 ここにひっかける

針穴の手前から奥へ

**POINT!**

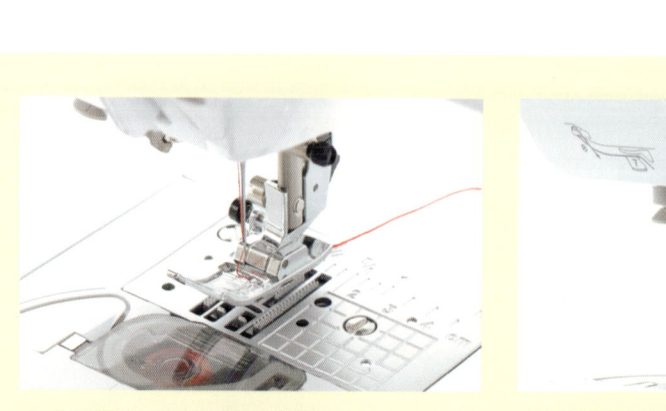

### 上糸は押えの下を通して後ろに

針に上糸を通したら、押えの隙間に糸を通し、後ろに10cmほど出しておく。これをきちんとしておかないと、縫い始めに下糸が上糸を巻き込んでからまり、「鳥の巣」状態に。

### 必ず押えを上げて糸かけを！

13ページでも説明したように、押えを上げる（押えレバーを上げる）と、ミシン内部の糸調子皿が開く。上糸をかけるとき、この糸調子皿が開いていないと、糸調子がとれない。

# 下糸を内釜にセットする

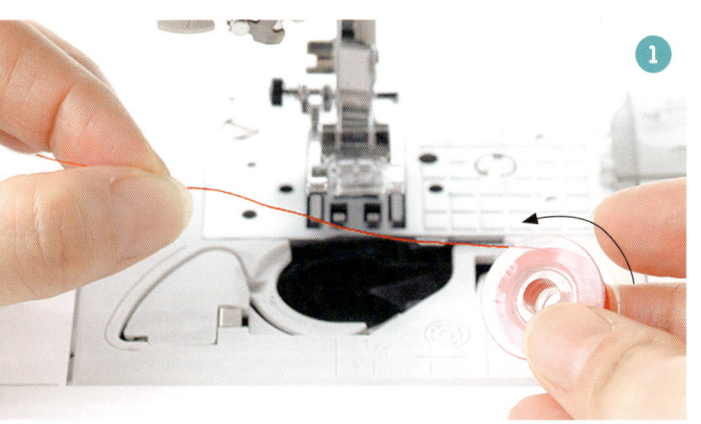

**①** 
## 糸が反時計回りに
## なるように置く

多くの家庭用ミシンは、ボビンケースがミシン本体に組み込まれている「水平釜」。水平釜の場合、針板ふたを開け、下糸は糸が反時計回りになる向きに、ボビンを寝かせるようにセットする。糸の巻きが逆だと、糸調子が悪くなることも。

**②**
## 下糸を釜の溝に
## 引っかける

下糸をセットしたら、糸を少し引いて釜の溝に糸を引っかけて外に出し、針板ふたを閉じる。たいていの家庭用ミシンは、下糸の端を上糸で引き出さなくてもOK。

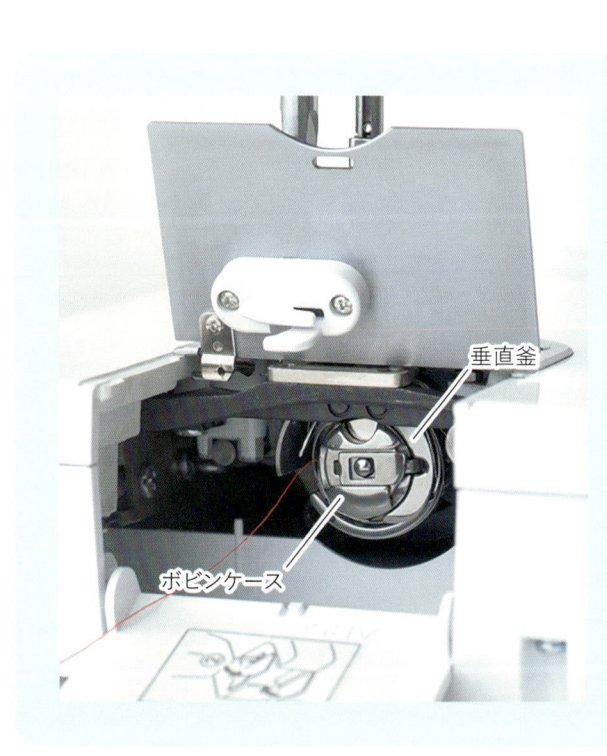

垂直釜

ボビンケース

家庭用ミシンのほとんどは水平釜だけど垂直釜のものも

**水平釜・垂直釜**
家庭用ミシンは「水平釜」が多く、職業用ミシンは「垂直釜」が一般的。水平釜は、上糸だけで調子を合わせられる点が一番の利点。
垂直釜は、下糸を調節する役割の「ボビンケース」に下糸をセットする。そして、上糸と下糸で糸調子を調節。糸調子は自分で調整できるが、テクニックが必要。さらに、垂直（縦）にボビンをセットすることにより、糸の出方がより自然に。その結果、縫った糸がきっちり締まり、縫い目が安定するのも特徴。

| ニット地用 | 厚地用 | 普通用 | 薄地用 |
|---|---|---|---|
| ニット専用糸 | 30番 | 60番 | 90番 |
| ニット専用針 | 14番 | 11番 | 9番 |
| ニット・ウール・スウェット・ジャージーなど。 | 帆布、デニム、ツイード、コーデュロイ、キルティング地、カツラギなど。 | リネン、ワッフル、シーチング、タオル地、ブロード、タフタなど。 | オーガンジー、ガーゼ、綿サテン、ローン、ジョーゼット、裏地など。 |

家庭用ミシンで使う針と糸は大体4種類 布とのバランスで選ぼう

この組み合わせは目安だよ

バランスってどうやって見れば…？

試し縫いしてみてうまく縫えなければ針と糸を替えてみるって感じだね

例えば普通地かビミョーなときは両方試してみるといいよ 薄地か

メーカーや機種によって形はさまざま

ドライバーは付属部品で入ってるよ

これドライバーなの？

なんかかわいい

針の交換難しそう

1カ所ネジを緩めて入れ替えるだけだよカンタンよ

工具もってないし…

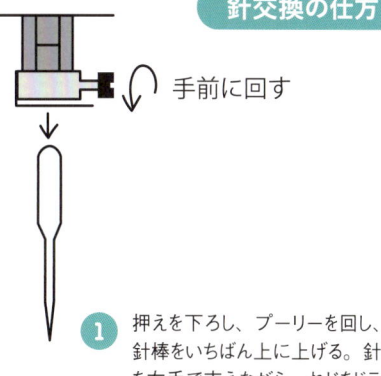

### 針交換の仕方

**①** 押えを下ろし、プーリーを回し、針棒をいちばん上に上げる。針を左手で支えながら、ねじをドライバーで緩める。針が針板の穴に落ちるのが心配なら、布や紙で穴をふさいでおこう。

手前に回す

**②** ミシン針の根元の平らな面が後ろになるように左手で持ち、差し込む。※針の根元は下の写真参照）。ミシン針をいちばん奥まで差し込んだら、付属のドライバーで針止めねじをしっかり締める。

ストッパーに当たるまで差し込む

奥に回す

あらカンタン！でしょ

家庭用ミシン針を交換すると、針の溝に手の脂が付着し、錆の原因に。そのまま針ケースに戻すのは厳禁。ピンクッションに刺して保管しよう。

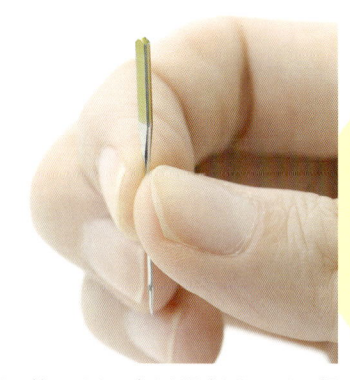

針を取り付けるとき、向きを間違えないよう、根元は断面がかまぼこ状に。片方は丸く、半面はそいだように平らになっている。

溝がある

家庭用ミシン針をよく観察すると、表面に溝が！ この溝の凹みに糸がフィットして、針穴へ通っていく。

写真のように、一見ミシン糸のように見える手縫い糸。手縫い用糸は、ミシンの糸立て棒に通す穴があいていないことでも見分けられる。ミシン糸と手縫い糸は糸の撚り方が逆なため、代用は不可。必ずラベルで確認し、ミシン専用の糸を使うこと。

職業用ミシンに多く使われる「工業用ミシン針」。一見、家庭用ミシン針とそっくりだが、その違いは「針の根元が丸くなっている」こと。根元が丸いことで負荷が分散され、針自体の強度がアップ。パワフルな工業用ミシンの動作にも耐えられるというわけ。ただし、針の取り付けの際に、針穴の位置が微妙にずれることがあるので、注意が必要。

**工業用ミシン針や手縫い用糸 似てるけどミシンには 使えないので注意して！**

# ミシンの掃除の方法を覚えよう！

※こちらに紹介しているのは一般的な掃除方法ですが、メーカーや機種によって異なるケースもあります。必ず事前に取扱説明書を読んでから、作業に入ってください。

針板カバー

**4**

補助テーブルをはずして、針板カバーを手前に引いてとる。※針板カバーがないミシンは、**7**を参照して針板をはずし、**5**に進む。

内釜

**5**

内釜を手でつかみ、取り出す。内釜にたまったホコリや糸くずは、付属のミシンブラシで掃除する。

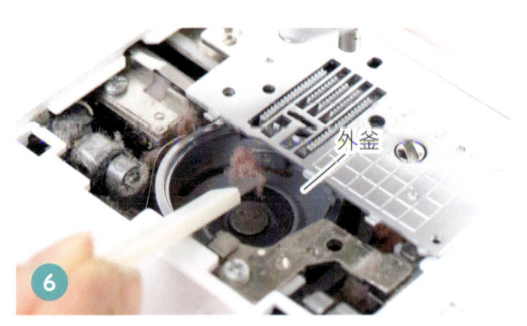

外釜

**6**

思いのほか、ホコリがたまっていることが多いはず。ミシンブラシなどで、外釜の周囲のホコリや糸くずを取り除く。

エアクリーナーでホコリを吹き飛ばすのもオススメ

---

針上下スイッチ

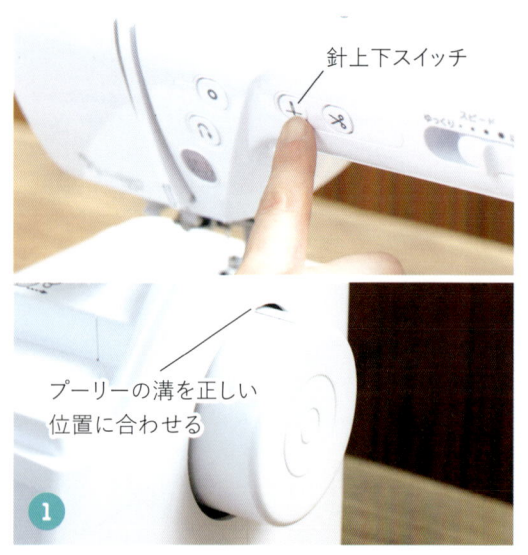

プーリーの溝を正しい位置に合わせる

**1**

針上下スイッチを押して針を上げる。もしくは、プーリーを正しい位置に回す。

ドライバー

**2** 針をとる

電源を落とし、コンセントから電源プラグを抜く。押えレバーを上げたあと、付属のドライバーでねじを緩め、針をとる。

押えをはずす

**3**

ホルダーとともに、押さえをはずす。

実は知らずに
ゴミだと思って
とっちゃった
経験あり！

それでも
問題なく
使えてるけど

もし
糸がらみなどが
気になるようなら
販売店に
相談してみて

必要な部品

写真で示した部分は、ミシンに必要な部品。（写真右）黒いフェルトのような部分は、自動糸切り機能で抵抗をつけるためのパーツ。（写真左）内釜についた写真の部分もとらないこと。

## 掃除の後は試し縫いして効果を確認！

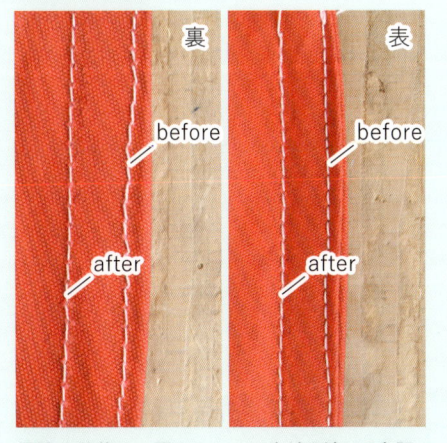

裏　表

before　before

after　after

掃除の前後に、厚めのコットン生地を縫って実証。表側はそれほど差がないように見えるが、裏側は劇的に縫い目がきれいに！　掃除の後は、動作音も小さくなった。

ねじ回し

針板

**7**

次は、針板の下の掃除を。付属のねじ回しで針板のねじを緩め、はずす。ミシンブラシやピンセットを使い、ホコリを除去。ホコリが多いときは、掃除機で吸うのも手。

印を合わせる

**8**

外釜の周囲、針板の下、内釜の掃除が完了したら、元の形に戻す。まず、内釜の▲印とミシンの●印を合わせ、浮かないようにしっかり奥まで内釜を入れる。プーリーを静かに回し、内釜が正しくはまっているか確認する。次に針板を取り付け、針板カバー、押えホルダー、最後に針の順でセットしていく。

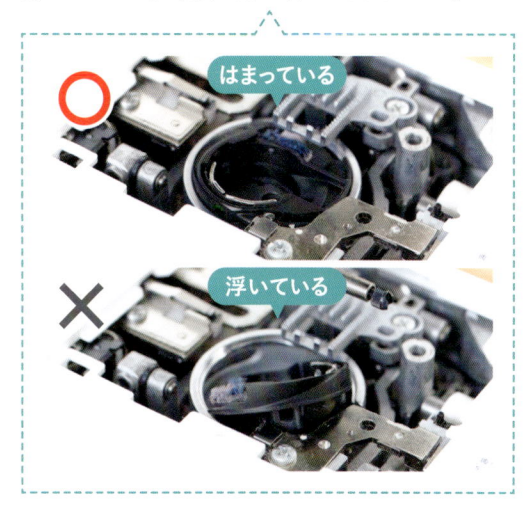

○　はまっている

×　浮いている

※家庭用ミシンは、定期的に注油する必要はなし。異常音など気になるときは、販売店に相談を。

糸かけちゃんとやってるつもりだったけど

あんがい怪しいところいくつかあったな…

押え上げとか下糸の方向とか…

うまくいかない理由は案外ケアレスミスだったりするのよね

針の交換ができるようになったから厚物や薄物にも挑戦したい！

厚物や薄物がうまく縫えるかどうかは針と糸以外にミシン自体のパワーや縫う人のテクニックも関係あるけどね

デニムとか

オーガンジーとか

あとでまた説明するね

え！そうなの？

あとはメンテだね

お掃除は定期的にやろう

キレイなほうが気分もいいしね

ちなみにミシン油は自分で差さない方がベター

家庭用ミシンは頻繁に油を差す必要はないけどもし動きや音が気になったらミシンやさんに見てもらうのがベストだよ

使う頻度にもよるけど6〜8年使ったら壊れてなくてもミシンやさんにメンテに出すのがオススメ

ミシン ショップ

うまく縫えない原因に経年劣化も考えられるから相談できるミシン屋さんがあるとさらに心強いね

# とりあえず縫ってみよう！

## ～基本の直線縫い

まずは
ミシンについて
知っておこう

## ミシンの種類

ミシンは大きく分けて3種類。その特徴を解説します。

※価格は特に指定がない場合、
メーカー希望小売価格（税込）を表示しています。
※重さは、「本体のみ」の数値です。

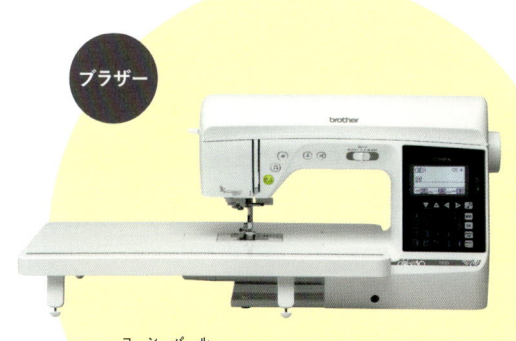

ブラザー

### COMPAL1100
コンパル

理想的な布送りで、段違いの箇所もスムーズ！
（ワイドテーブル未装着時）W480×H300×D
249mm／ 9.7kg／ 220,000円

### 家庭用ミシン

一台で、直線縫いや裁ち目かがり縫い、飾り
縫い、ボタンホール縫いなど多様な機能が備
わっており 小物から洋服までいろいろなもの
が作れる。種類が豊富で、大きさやスペックも
さまざま。通常、趣味でミシンを使う人はコレ。

### 職業用ミシン

直線縫いに特化したミシン。かがり縫いやボタ
ンホール縫いはできないので、職業用ミシン
のみでは洋服は作れない。とはいえ、家庭用
に比べるとパワーがあり、厚手の帆布やデニム、
レザーも縫える。家庭用のパワーでは物足りな
くなったらコレ。

### ロックミシン

かがり縫いに特化したミシン。家庭用ミシンでも
かがり縫いはできるが、生地をカットしながらか
がっていくので仕上がりは桁違いに美しい。T
シャツやトレーナーなどのニット（編物）地であ
れば、かがりながら縫い合わせることも可能。
ただし、布帛（ふはく・通常の織物生地）の縫
い合わせには不向きなため、家庭用ミシンや職
業用ミシンと併用するのが一般的。

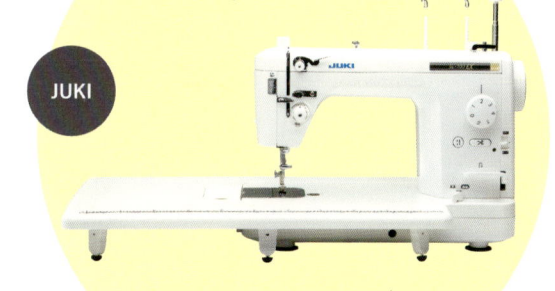

JUKI

### SL-700EX

工業用ミシンの技術を取り入れ、帆布や皮革、
薄地もおまかせ。W452×H350×D219mm／11.9
kg／ 217,800円

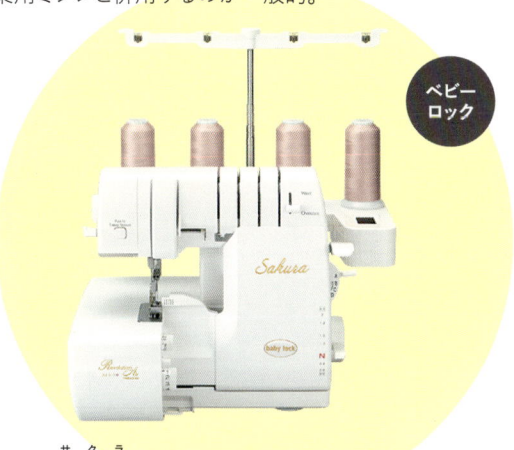

ベビー
ロック

### Sakura BLS-5
サクラ

空気の力で針糸を通す機能搭載。糸調子合わ
せも自動で、美しい仕上がりに！ W405×H355
×D318mm／ 11.5kg／ 272,800円

職業用ミシンと
ロックミシンの
いいとこどりを
したのが
家庭用ミシンと
言えるかもね

この本では
家庭用ミシンに
焦点を当てて
紹介していくよ

# 家庭用ミシンもいろいろあるよ

各社それぞれのこだわりが詰まったミシン。
機能で選ぶかデザインで選ぶか、値頃感で選ぶか、じっくり検討してみよう。

## スタンダードタイプの家庭用ミシン

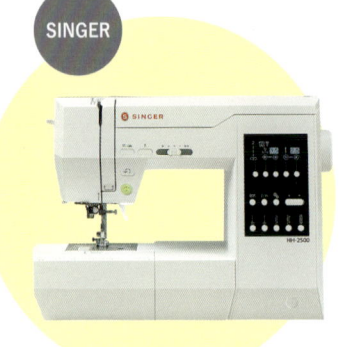

SINGER

### HH2500
ふところ幅が175mmと広く、作業も
スムーズ。静音設計もうれしい。
W427×H300×D196mm／8.0kg
／220,000円

### Épolku OVI（エポルク オヴィ）
二次元コードで、使い方の説明
動画にアクセス！ 他にないデ
ザインでインテリアにもマッチ。
W406mm×H302×D177mm／
6.5kg／104,500円

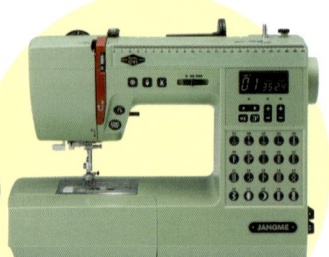
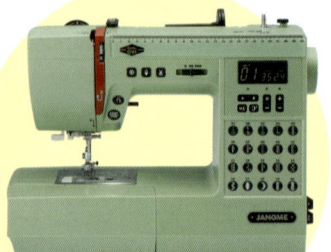

ジャノメ

ブラザー

### PICNO KW（ピクノ）
実用的なステッチはもちろん、刺しゅう
機能も充実！（刺しゅう機付き）W522
×H307×D219mm／8.4kg／オープン
価格

私の推しポイント

JUKI

### HZL-B700
押えの構造を改良し、送り力
がパワーアップ！ 段差もラクラ
ク。W445×H292×D223mm
／9.5kg／198,000円

アックス
ヤマザキ

### 子育てにもっといいミシン
### MM-30
ステッチや刺しゅう、文字入れな
どができる、お手頃価格のミシ
ン。W411×H307×D178mm／
約5.4kg／36,300円

### 蘭子的「ベビーロック」
社名が物語るようにロックミシンといえ
ばベビーロックさん。日本品質にこだ
わり、山形の工場で生産されている。
自動糸調子や空気圧糸通しなど初心
者にもやさしく、家庭用ミシンは別メー
カーでもロックミシンはベビーロック、と
いうユーザーも多い。ロックミシンの糸
通しを革命的にラクにした「空気圧式
ルーパー糸通し」を発明したのは、こ
ちらのメーカーさん。

### 蘭子的「SINGER」
世界で最初の実用ミシンを製造したア
メリカ発祥の老舗メーカー。ミシンの
歴史を語るときに、絶対に外せない。
ラインナップも、初めてミシンに触る
子ども用の教材ミシンから、ベテラン
ユーザーまでその守備範囲は広い。長
い歴史に根ざした信頼と実績を求める
なら、シンガーさんという選択肢も。

## コンパクトサイズ

お手頃価格が揃ったラインナップ。
「とりあえずミシンに触れてみたい！」という方は、ここから始めてもいいかも。

### 子育てにちょうどいいミシン

ビギナーでもベビー小物や通園・通学グッズを作れることを目的に設計。W298×H265×D115㎜／約2.1kg／12,100円

SINGER

### アミティ　SN20A

ミニサイズながら、比較的故障が少ない垂直半回転を採用した本格派。W348×H292×D183㎜／4.35kg／オープン価格

アックスヤマザキ

### Épolku（エポルク）

実は土台が金属製で、安定感抜群。厚みのある生地もおまかせ！　W354×H263×D154mm／5.5kg／55,000円

ジャノメ

---

私の推しポイント

### 蘭子的「ジャノメ」

実家のミシンがジャノメさんだったこともあり、私が初めて自分で買ったのもジャノメのミシン。製品の信頼度もさることながら、最近はビジュアルのデザインが他メーカーより抜きん出ている感がある。エポルクシリーズが出たときは、思わず「なにこれ、かわいい！」と叫びましたよ！　ミシンの固定観念を覆す、飾っておきたいミシン。

### 蘭子的「ブラザー」

私の中では「刺しゅうミシンといえばブラザーさん」というイメージが強い。お手頃価格から200万円以上の高額商品まで刺しゅうミシンがズラリ！　ディズニーコラボ商品も多く、ママ人気が高そう。かと思えば、海外のソーイング系SNSなどでもブラザーミシンユーザーを多く見かけるので、刺しゅうだけじゃなく幅広いニーズに応えているオールマイティなメーカーさん。

---

## 刺しゅう機能付きミシン

「ミシンを買うなら、刺しゅう機能は譲れない！」というあなたならば、こちらのミシンはいかが？

ジャノメ

### SECiO9900Pro（セシオ）

250種類の刺しゅう＆300種類のステッチに加え、キルティングも得意！　W508×H316×D237mm／11.9kg／478,500円

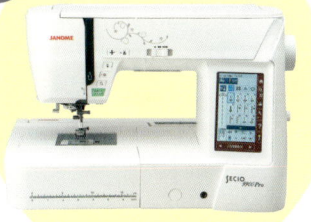

ブラザー

### ソレイユCRW

刺しゅうデータ管理や、2750種類の文字刺しゅうデータの追加が無料。（刺しゅう機能付き）W598×H300×D339mm／11.1kg／363,000円

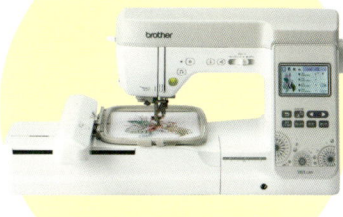

ハイクラス家庭用ミシンなら機能も充実！
お値段は高めだけど、ワンランク上の家庭用ミシンをお探しならこちら。

## HZL-UX8

スマホ感覚で操作できる液晶パネル、糸調子調整をアニメ化など、使い勝手にこだわった一機。W602×H310×D264mm／14.9kg／586,300円

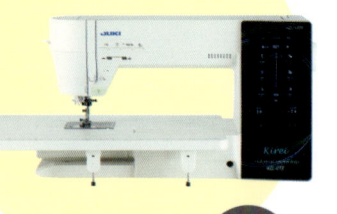

SINGER

JUKI

メモリー クラフト
## Memory Craft 6700
プロフェッショナル
## Professional

プロフェッショナル直線針板・直線押え、最高縫い速度1200spm（針／分）など、プロ仕様満載。W516×H300×D220mm／11.0kg／330,000円

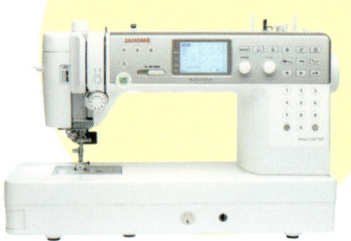

ジャノメ

ヴィヴァーチェ エックス
## VIVACA X TRX5000

全589種類の充実した縫いパターンが可能！さらに、音声ガイドや使い方動画が教えてくれる親切設計。W475×H300×D186mm／8.7kg／308,000円

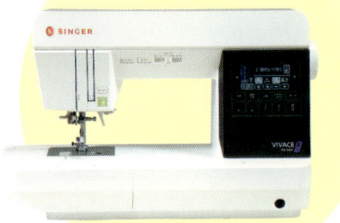

私の推しポイント

### 蘭子的「JUKI」

プロ仕様のミシンといえばJUKIさん。工業ミシンの世界シェアNo.1という世界クラスのミシンメーカー。その技術が生かされている家庭用ミシンも、質実剛健な機種が揃っている。ミシンユーザーにとっては有名メーカーですが、ミシン初心者には意外と知られていないのがもったいない……（実は私もミシン始めてしばらくは知らなかった）。特にパワー重視で選ぶなら、候補に入れるべきメーカーさん。

### 蘭子的「アックスヤマザキ」

他メーカーに比べて製品のラインナップは少ないものの、個性的で安心価格のミシンを提供しているメーカーさん。サイトをのぞくと、子ども向けのおもちゃミシンから、レザーを縫える男性ユーザーを意識したモデルまで、おもしろいコンセプトのミシンが並んでいる。アフターサービスにも定評があり、リピートユーザーも多い。そして、とにかくリーズナブル！

おもしろいコンセプトの機種、ミシン本体に付属することで機能が拡大するアイテムなど、ミシンの世界は奥が深いよ！

アックスヤマザキ

## TOKYO OTOKO
## ミシン OM-01

男性ミシンユーザー待望。厚物や皮革縫いが得意な、タフな一台。W445×H305×D240mm／11.6kg／44,000円

SINGER

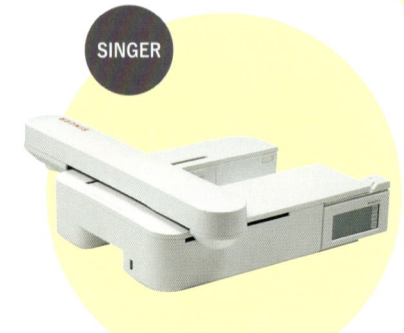

### シュシュデラックス EU5

合計2009種類刺しゅうができる！対応の家庭用ミシンにセットするだけのアタッチメント。W393×H126×D471mm／約4.2kg／71,500円

アンケート結果発表！

# では、実際のミシンユーザーさんは、どこのミシンを使っている？どんな機能がいいと感じている？

全国の手芸好きの方々に「あなたとミシンのこと、教えてください！」と、アンケートをお願いしました。ご回答いただいたのは、ミシン歴1年のビギナーさんから、48年の大ベテランを含む65名の皆さまです。ミシンの選び方の参考にしてみてください。（複数回答）

## Q 直線縫い以外で、家庭用ミシンに欲しい機能は？

| | |
|---|---|
| 糸切り | 51 |
| 糸通し | 49 |
| 刺しゅう | 33 |
| 飾り縫い | 30 |
| 裁ち目かがり縫い | 36 |
| まつり縫い | 30 |
| ボタンホール縫い | 46 |
| ボタンつけ縫い | 28 |
| 直線縫い以外、必要なし | 1 |
| その他 | 19 |

## Q 今使っている＆これまで使ったことのある家庭用ミシンは？

| | |
|---|---|
| ブラザー | 58 |
| ジャノメ | 32 |
| SIINGER | 27 |
| JUKI | 21 |
| 覚えていない・わからない | 8 |
| アックスヤマザキ | 8 |
| JAGUAR | 5 |
| AISIN | 2 |
| リッカ | 1 |

## Q 直線縫い以外で、家庭用ミシンに不要と感じる機能は？

| | |
|---|---|
| 糸切り | 4 |
| 糸通し | 3 |
| 刺しゅう | 10 |
| 飾り縫い | 9 |
| 裁ち目かがり縫い | 4 |
| まつり縫い | 4 |
| ボタンホール縫い | 4 |
| ボタンつけ縫い | 13 |
| 特に不要な機能はない | 34 |
| その他 | 8 |

## Q ミシンを入手したきっかけは？

| | |
|---|---|
| もともと手芸が好きだった | 41 |
| 洋裁に興味を持ったので | 24 |
| 子どもの入園準備 | 13 |
| 譲り受けた | 4 |
| 衝動買い | 2 |
| 結婚するときに親から | 2 |

---

## POINT！

### 電子ミシンとコンピューターミシンの違い

**コンピューターミシン**

糸調子や縫い目や刺しゅうの設定などのプログラムをコンピューターで制御するミシン。液晶画面がついている。

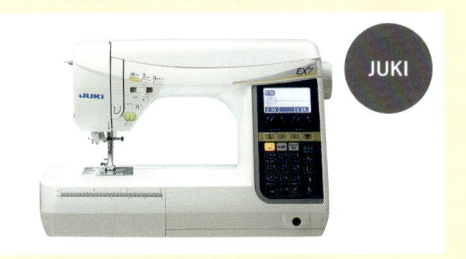

**HZL-EX7**

レバー操作だけで、針板を直線用の丸穴に変更できる「スライド針板」など、新機能を搭載。W445×H291×D210mm／10.3kg／374,000円

**電子ミシン**

電子回路でモーターを制御するミシンのこと。液晶画面はなく、実用的なステッチのみの、シンプルなタイプが多い。

**山﨑範夫の電子ミシン　AG-005**

手縫いのようにゆっくり縫える！ 基本機能にこだわり、20年以上愛され続けるミシン。W390×H280×D180mm／5.3kg／32,780円

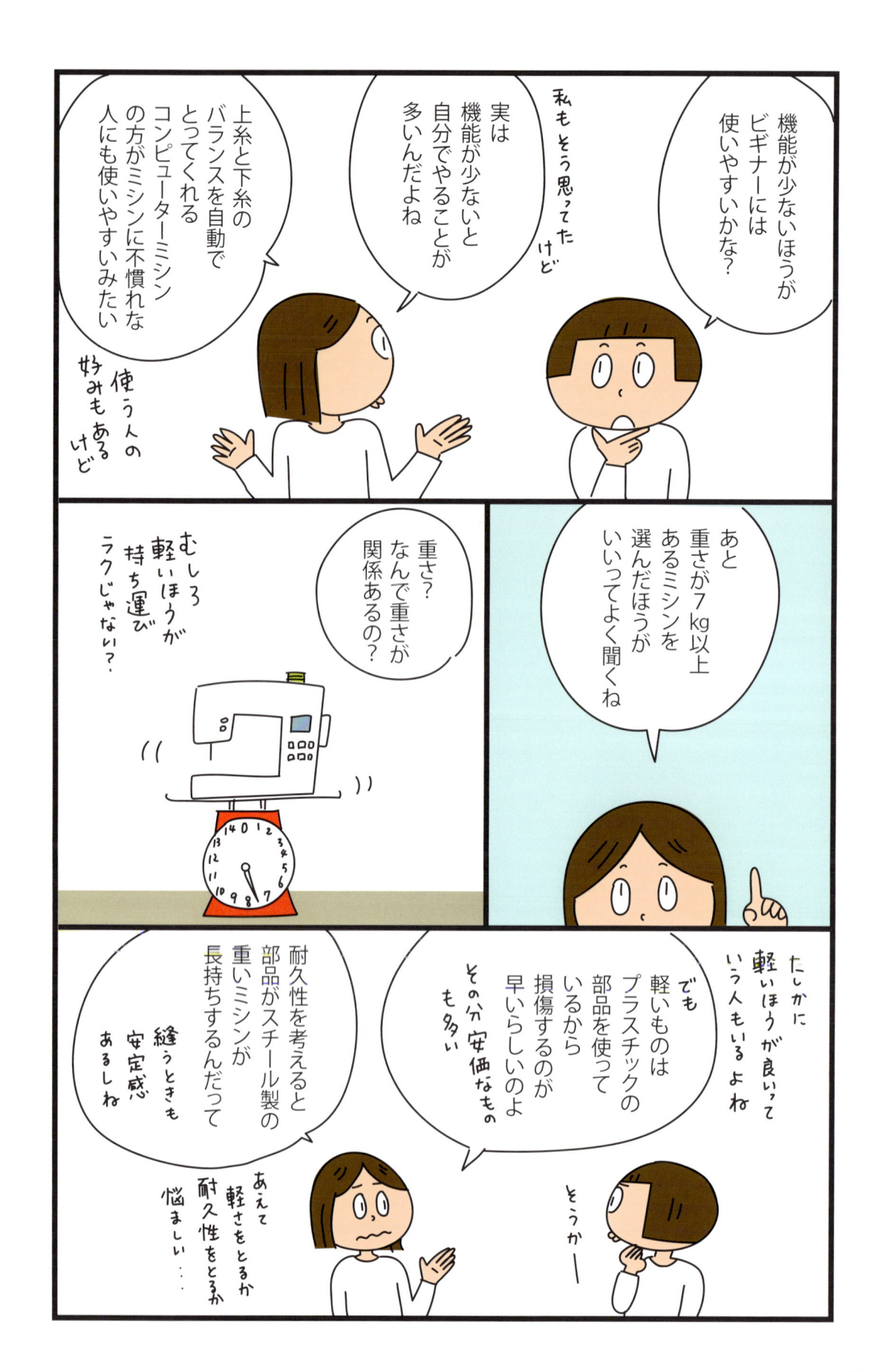

厚手の生地も縫ってみたいけどミシンによって縫えたり縫えなかったりする？

デニムとか！

パワーの違いはモーターの回転数が目安になるよ

デニムといってもオンスによって違うからなー

家庭用ミシンは大体760回転、850回転、1050回転の3種類があって数が大きいほどパワーとスピードに優れてるってこと

つまり回転数が大きいほうがより厚い布を縫える

ミシンを選ぶときは「何を作りたいか」（機能）「どのくらいの頻度で使うか」（耐久性）「予算はどのくらいか」（値段）をイメージしておくことが大事だね

洋服を作るならかがり縫い機能は欲しいとかね

あの〜予算の目安になる金額が知りたいんだけど

だよね！

そこが一番気になる

一般的な家庭用ミシンの価格帯は1万円台から30万円ほど

実際に販売されているときはメーカーの希望小売価格よりも安く設定されていることが多いよ

機能や耐久性によって値段に差が出てくるんだけど

洋服を作りたいなら店頭価格の5万円台から8万円くらいを目安にしてみたら？

なるほど

そのときどきのお買い得品やセールなんかもあるからできれば実店舗で相談しながら購入するのが理想的だね

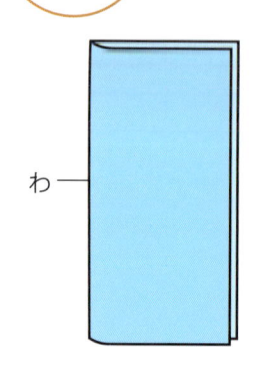

## 「わ」とは？

生地を左右対称に裁断
するため布を二つ折りに
する、その中心部分のこと

## 布についての基礎知識

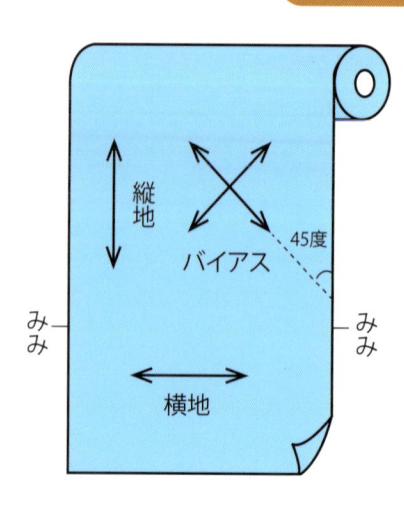

縦地　布の縦糸方向のこと

横地　布の横糸方向のこと

みみ　布の両端の
　　　ほつれない部分のこと

バイアス
布のみみに対して45度の
方向のこと
縦地、横地に比べて
伸びる特性がある

※通常布は型紙に対して縦地方向に裁断するが
柄物の場合は見せたい柄の方向によって横地に裁断する場合も

# カフェエプロンのパターン （縫い代込み）

直線縫いができれば縫えるカフェエプロン。お好みの生地でトライ！

数字の単位はcm

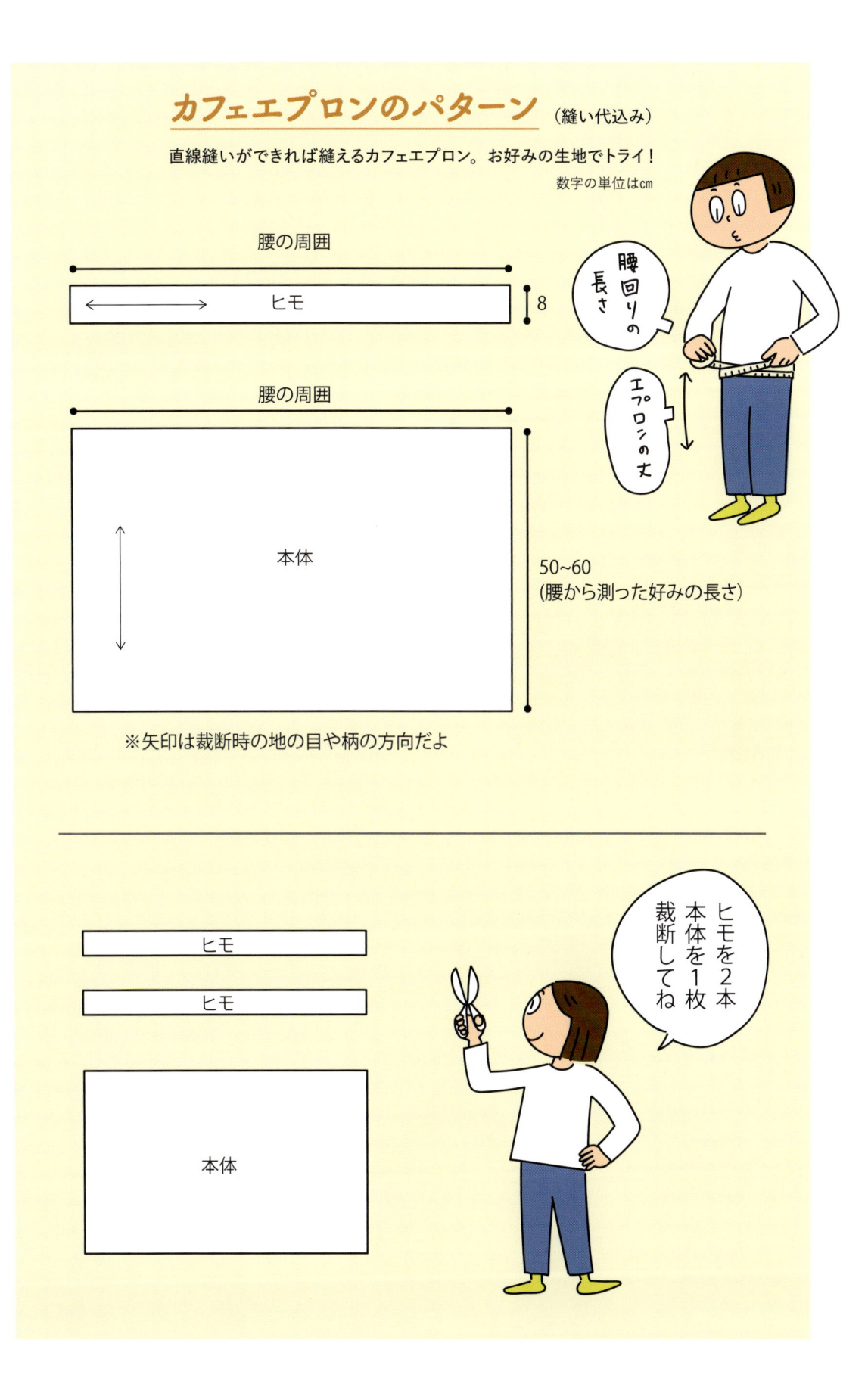

腰の周囲

ヒモ

8

腰の周囲

本体

50〜60
（腰から測った好みの長さ）

※矢印は裁断時の地の目や柄の方向だよ

腰回りの長さ

エプロンの丈

ヒモ

ヒモ

本体

ヒモを2本
本体を1枚
裁断してね

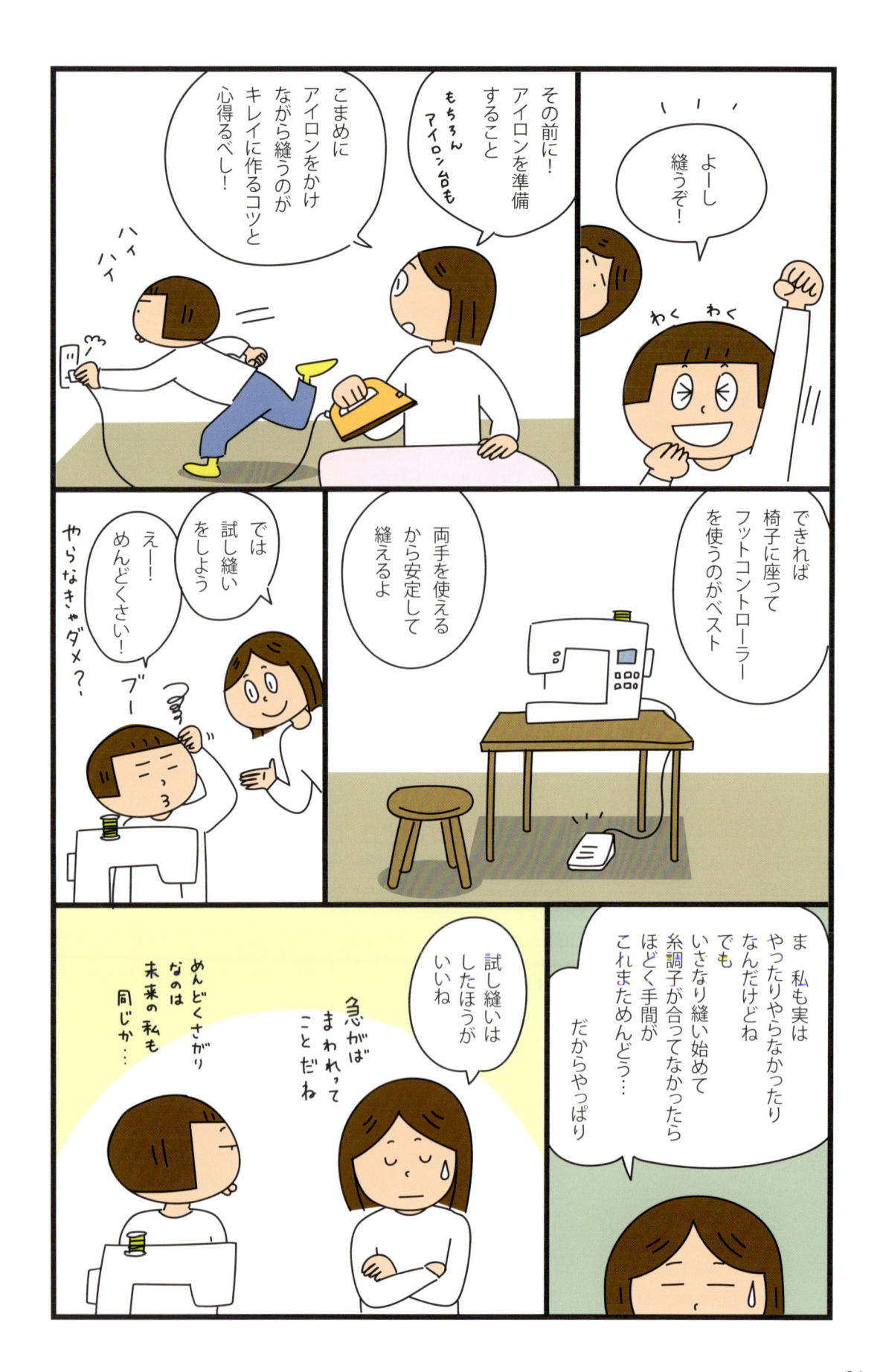

# 試し縫いをして糸調子を見る＆調整する

## 試し縫いをする

試し縫いには、これから縫う布の端ぎれと糸、針を使う。縫ったあとは、縫い目の状態を表裏の両方を見て確認。次に布を左右に開き、きちんと縫い合わせられているかどうか、強度を見る。

試し縫いは実際に使う布のハギレを2枚以上重ねて縫うこと！本番と同じ条件で試さないとイミないからね

## 糸調子を確認する

×　表　裏

### 上糸が強い
表の上糸が1本の線状になり、表に下糸が見えている。下糸が正しくかけられていないことが原因かも。

×　表　裏

### 上糸が弱い
上糸が弱いため、裏の下糸が1本の線のようになり、上糸が裏に見えている。上糸が正しくかけられていないと起こりがち。

○　表　裏

### 適切な糸調子
布のほぼ中央で、上糸と下糸が交わった状態。これが最も適切な糸調子で、調整は不要。表には上糸のみ、裏には下糸のみが見えるのがポイント。

## 「糸をかけ直したらよくなった！」人多数！　糸調子を改善する

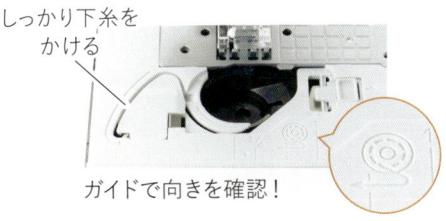

しっかり下糸をかける

ガイドで向きを確認！

### ② 下糸を正しくかけ直す
下糸を内釜の溝にかけるとき、かかり方がゆるいと縫い目が乱れがち。また、ボビンを入れる向き（下糸が半時計回りになる向き）にも気をつける。

糸をたるませない

奥まで糸を入れる

### ① 上糸を正しくかけ直す
右／押えレバーを上げた状態から、上糸かけをスタートさせるのを忘れずに！ 押えレバーが下がったまま糸をかけると、糸調子がとれない。左／上糸はピンと張って、糸案内や天秤にしっかり糸をかけていく。糸がきちんとかかっていないと、縫い目が乱れやすい。

押えレバー

上げる

### ③ 糸調子ダイヤルで調整
①上糸、②下糸を正しくかけ直し、再度度試し縫いをしてもなお、糸調子が改善されない場合は、糸調子ダイヤルを左右に動かして微調整して、また試し縫いをする。

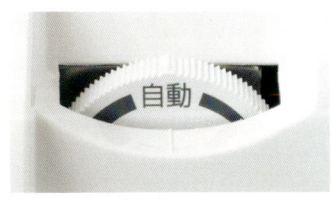

自動

左右に引っぱってみて縫えていればオッケー キレイな縫い目にこだわりすぎなくて大丈夫よ

大事なのは強度！

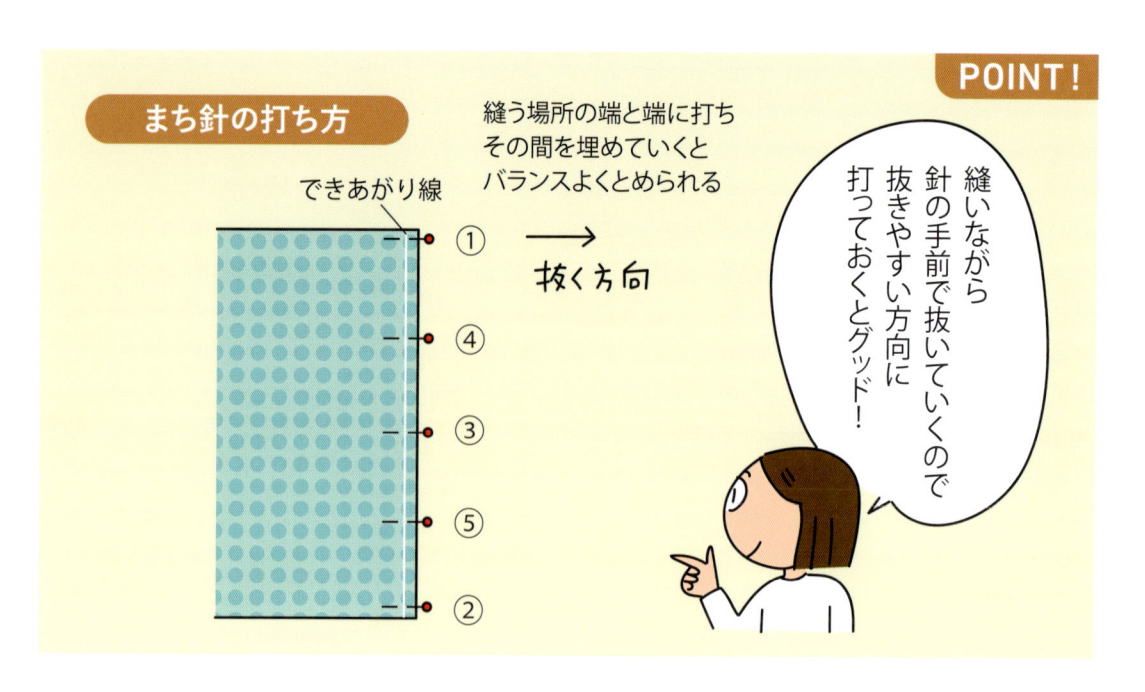

まち針の打ち方

縫う場所の端と端に打ち
その間を埋めていくと
バランスよくとめられる

できあがり線

① ④ ③ ⑤ ②

→ 抜く方向

縫いながら針の手前で抜いていくので抜きやすい方向に打っておくとグッド！

縫えたけど縫い始めのところに糸がからんでる…

何で!?

あーこれは糸がからまって起こる現象だね

どれどれ

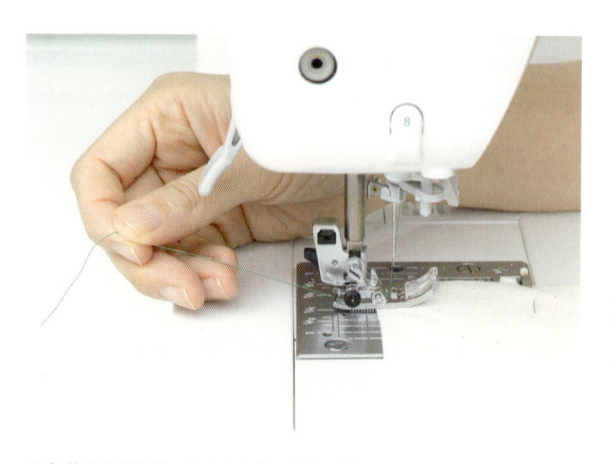

## 縫い始めのコツ

縫い始めに上糸と下糸を揃えて押えの後ろに引いておくことで解消できるよ

※自動糸切りを使ったあとなど、下糸が表に出ていない場合は上糸だけでオッケー。

# 返し縫い

**2〜3mm内側から** ⭕

**布端から** ❌

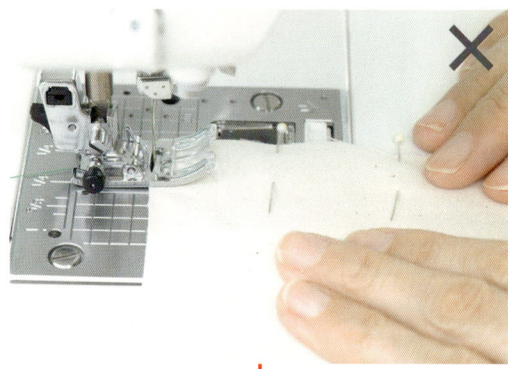

布の端から2〜3mm内側で返し縫いすると布端が引きつれないよ

キレイに縫うコツって案外ちょっとしたことなのね

そうちょっとしたことの積み重ねなのよ

カフェエプロンを縫う前にあと2つコツを伝授します！

ハイッ！しゃびっ

**①** 角の1針手前まで縫い進める

もう1針で角！

角の1針手前でいったん止まる。角の位置は、曲がった先の線を目安にする、もしくは、針が下りた状態で押えを上げて確認（布がよく見えるよう、押えを透明なプラスチック製のものに替えておくと便利！）。

**②** 角までのもう1針は手動で

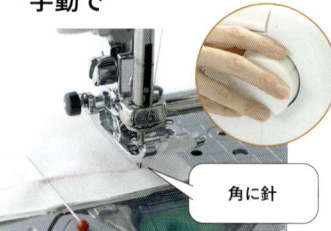

角に針

角までの最後の1針は、押えを下げたままプーリーを手前に回して、手動で針を進める。角に正確に針が落ちたかどうか確認。もし微妙に針が角より前に落ちるなら、1針だけ縫い目の長さを調整する。逆に角から行き過ぎてしまう場合、押さえを上げた状態でプーリーを手動で回し、角に針を落とす。
※写真はわかりやすいよう、押えを上げて撮影。

**③** 針を刺したまま布を90度回転

針は角のまま

角に針を下ろしたまま押えを上げ、次に縫う方向にまっすぐ向くよう、布を90度回転させる。そののち、押えを下げて縫い進める。

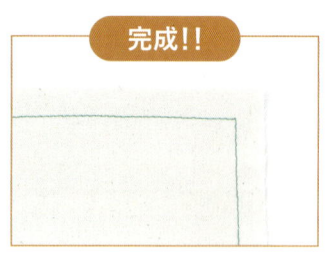

完成!!

角がほぼ90度の美しい仕上がりに！

## 布端や薄地を縫うときは「基線」を切り替える

家庭用コンピューターミシンの多くの機種では、針位置（基線）を変更できる。布端を縫うとき、ぜひ活用しよう。通常は中基線で縫うが、布端を縫いたいときは右基線に。左基線にすると、薄物縫いをする際、針穴に布が巻き込まれにくくなる。ただし、基線を変えると針板のガイドが使えないので、縫い代幅に注意すること。

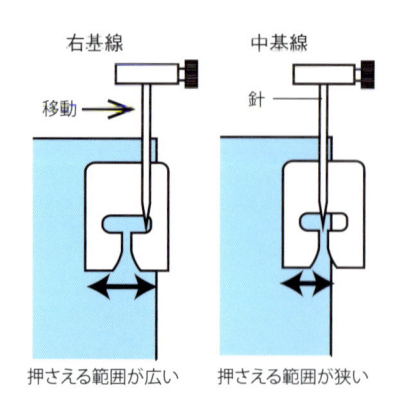

右基線　中基線
移動　針
押さえる範囲が広い　押さえる範囲が狭い

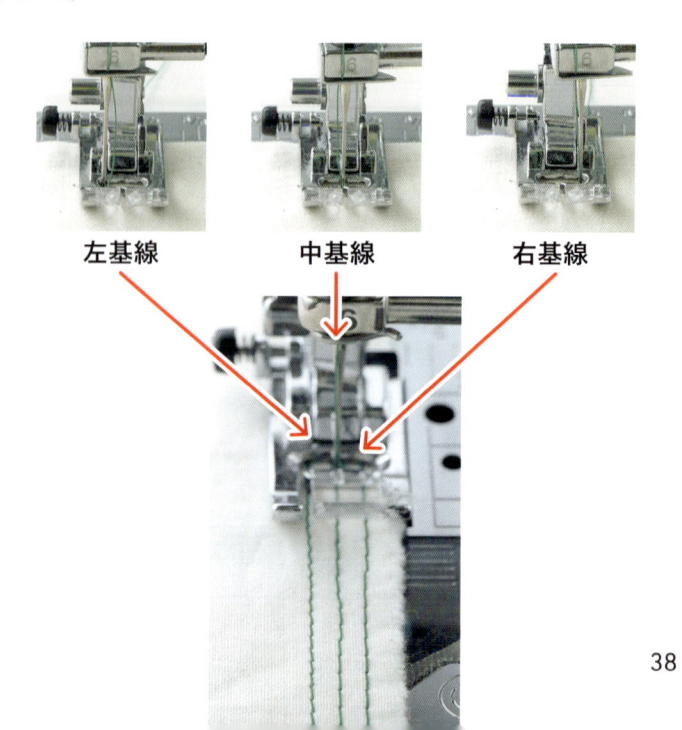

左基線　中基線　右基線

### なぜ基線を替えると縫いやすくなる？

布の端を縫う際に 布をしっかり押さえられるので安定して縫うことができる。

**①** 本体の三辺を1㎝、1㎝の三つ折りにして
端から0.2㎝のところを縫う

では縫っていきましょう！

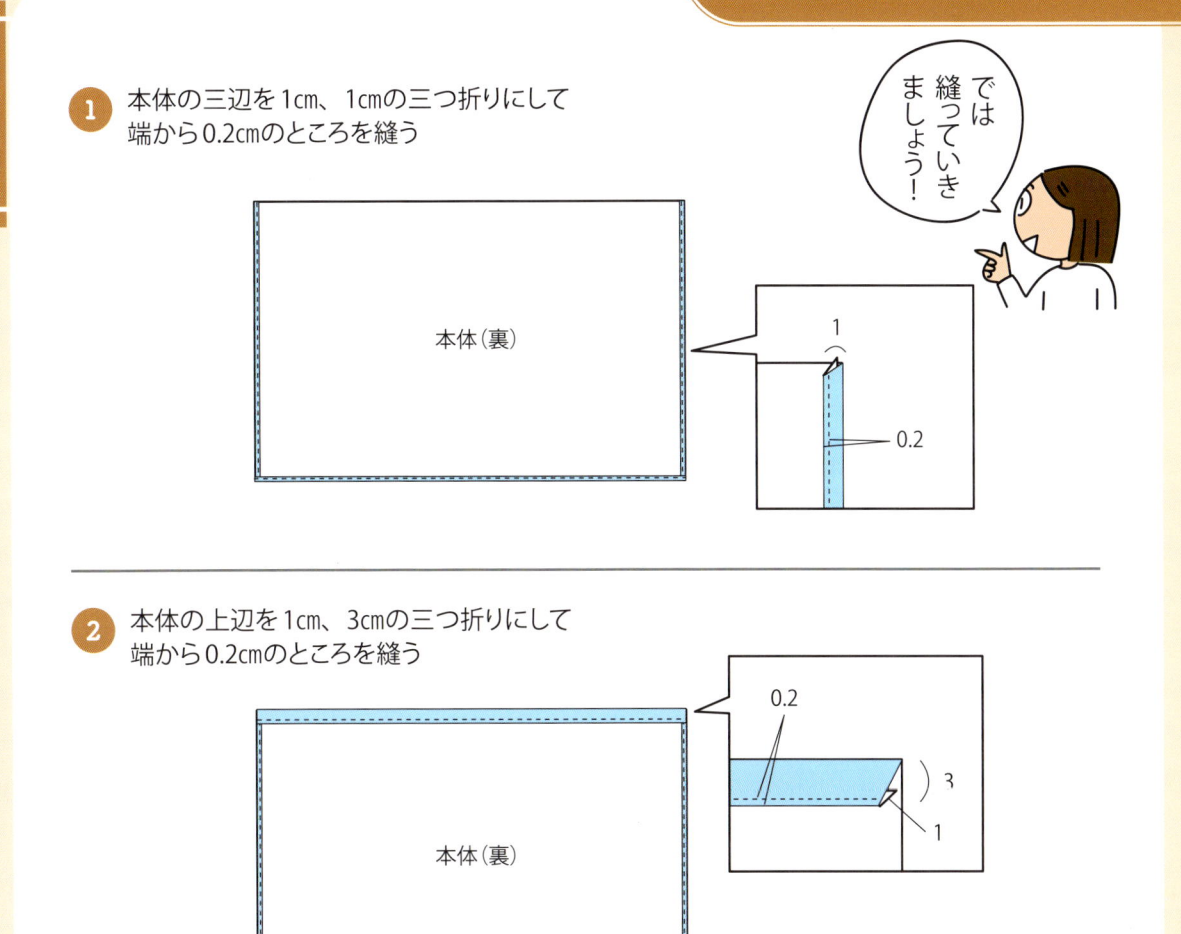

本体（裏）

1
0.2

**②** 本体の上辺を1㎝、3㎝の三つ折りにして
端から0.2㎝のところを縫う

本体（裏）

0.2
3
1

**③** ヒモを折る

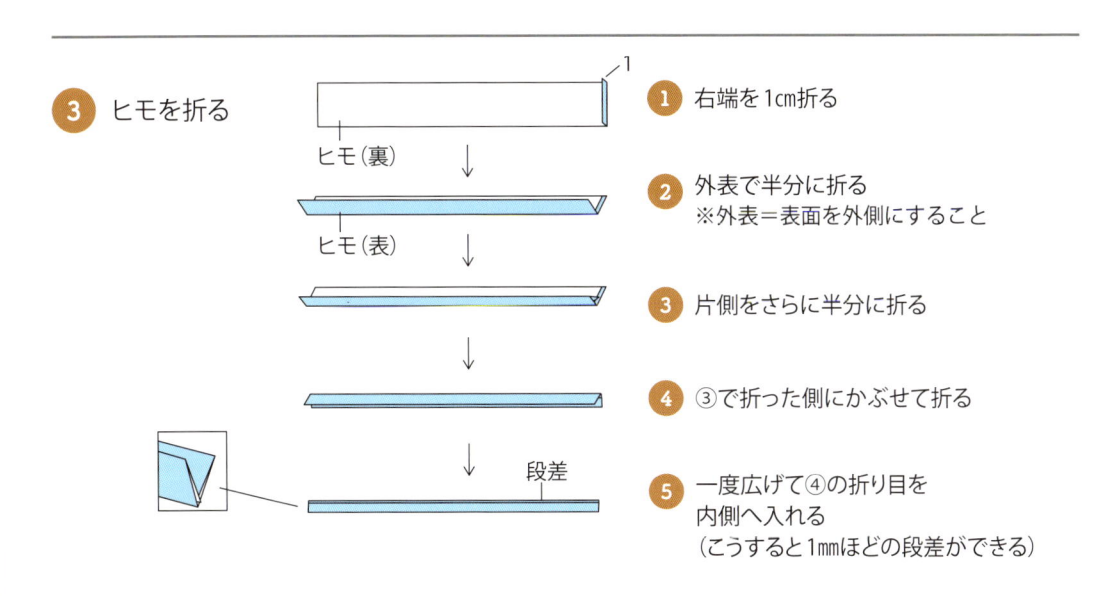

ヒモ（裏）

ヒモ（表）

段差

1

**①** 右端を1㎝折る

**②** 外表で半分に折る
※外表＝表面を外側にすること

**③** 片側をさらに半分に折る

**④** ③で折った側にかぶせて折る

**⑤** 一度広げて④の折り目を
内側へ入れる
（こうすると1㎜ほどの段差ができる）

※もう１本は左端を折って左右対称になるように作る

**④ ヒモを縫う**

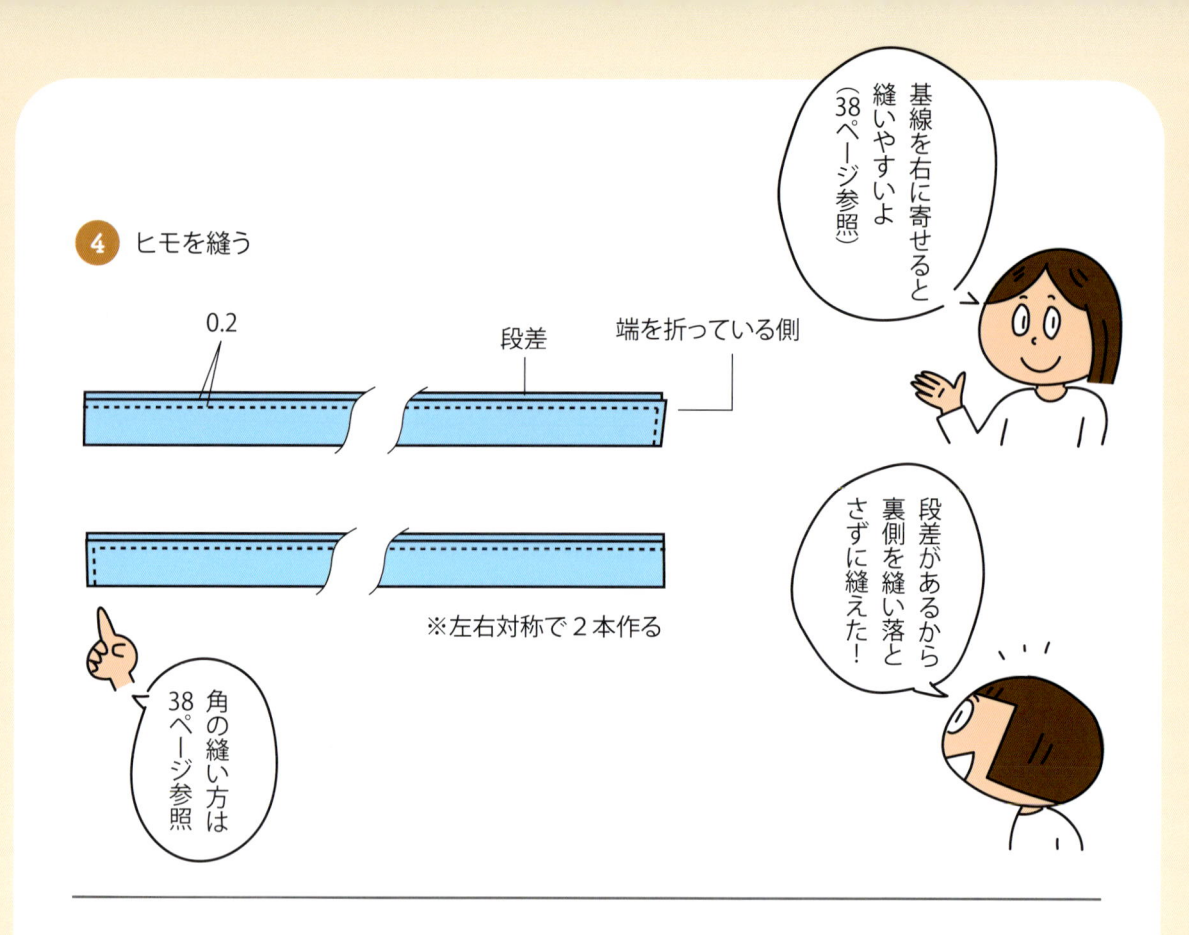

0.2

段差

端を折っている側

※左右対称で2本作る

基線を右に寄せると縫いやすいよ（38ページ参照）

段差があるから裏側を縫い落とさずに縫えた！

角の縫い方は38ページ参照

**⑤ ヒモを本体上辺の横から差し込んで縫う**

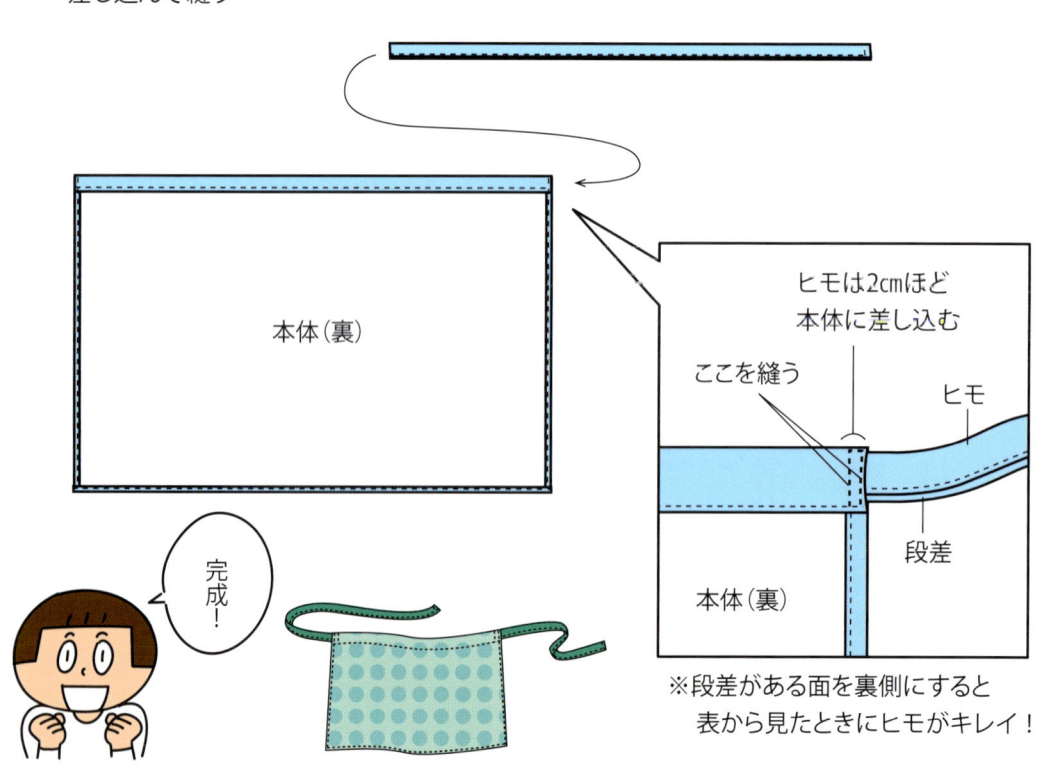

本体（裏）

完成！

ヒモは2cmほど本体に差し込む

ここを縫う

ヒモ

本体（裏）

段差

※段差がある面を裏側にすると表から見たときにヒモがキレイ！

# 押えとステッチを使おう

## ～直線縫い＋αのテクニック

これって何に使うの？

あー押えね

生地を送るためのパーツで これを替えることで縫いやすくなったり特殊なステッチに対応したりするんだよ

直線縫い以外のステッチを使えばよりソーイングの幅が広がるから

ボタンホールとか

かがり縫いとか

ファスナーとか

使わない手はないわよ！

ふふ

# 使いこなしたい押え

※押えの名称は、メーカーにより異なる場合があります。

## 一般的に「標準装備」されている押え

### 普通地を縫うときに使う　基本押え

文字通り、基本的なミシンの使用時に用いる押え。直線やジグザグを縫うときに使う。

### ファスナーを縫うのがラクになる！　ファスナー押え

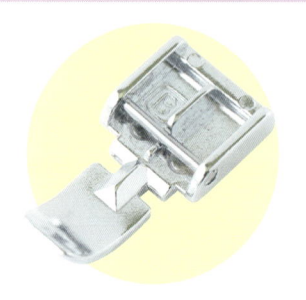

ファスナーをつける際に用いるほか、盛り上がった場所のすぐ横を縫いたいときや、できるだけきわを縫いたいときにも使える。縫う場所によって左右どちらかに付け替えて使う。

### ブラインドステッチ押え

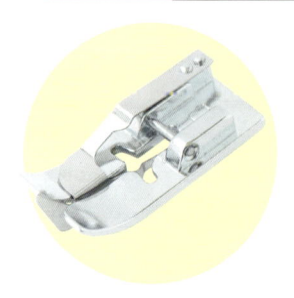

パンツやスカートの裾をまつり縫いするとき、「ブラインドステッチ」とセットで使う。また、直線縫いとのセットで「落とし縫い」にも使える。
※実際のステッチはp44で紹介。

### 裁ち目かがり押え

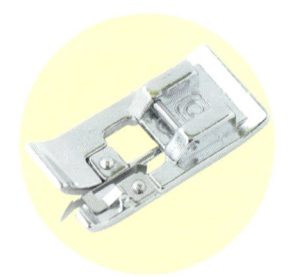

布端のほつれ止めをする「裁ち目かがり縫い（縁かがりミシンとも）」とセットで使う。
※実際のステッチはp44で紹介。

### ミシンメーカーや機種によって個性いろいろ　ボタン穴かがり押え

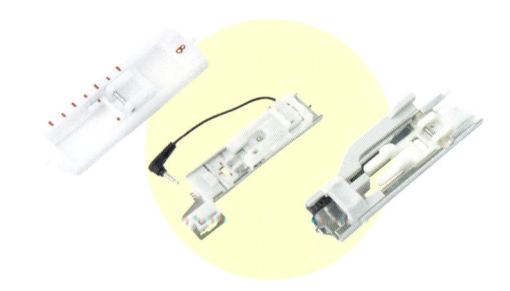

ボタンホールを縫うとき、「ボタンホールステッチ」とセットで使う。使用するボタンに合わせ、ちょうどいいサイズのボタン穴を縫える。ミシンのメーカーや機種によってさまざまな形のものがある。
※実際のステッチはp45で紹介。

## ジグザグ縫い以外にも使い方いろいろ！　透明ジグザグ押え

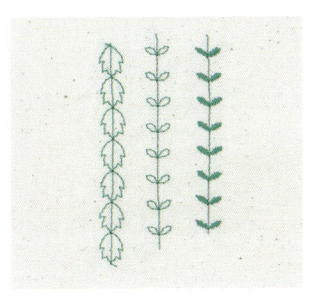

透明な押えだから、今縫っているステッチが見えるため、飾り縫いに最適。また、縫いながら針の落ちる位置がわかるから、リボンの重ね縫いや、山道テープを縫う際にもどうぞ。

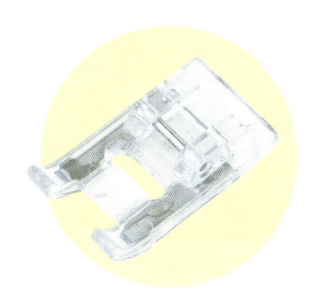

用途は基本押えと同じだけど、透明なので縫い目が見えやすい。角を縫うときや飾り縫いのときに便利。

## 「スムース押え」「レザー押え」とも　テフロン押え

スムース押えのお役立ち度を、合皮を縫って実験！（右）スムース押えを使ったら、美しい縫い目で合皮の反り返りなし。（左）基本押えで縫うと、縫い目がつれて、合皮が反り返ってしまう。

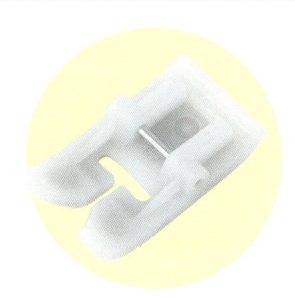

通常の押えだと貼りついてしまい、布送りができにくい素材……レザーや合皮、ビニール、ナイロンなどを縫う際に用いる押え。ジャージーやニットなど、縫いずれしやすい素材のときも役立つ。

### ほかにもこんな押えが！

## 「ウォーキングフット」の名前でもおなじみ　上送り押え

2枚の布の間にキルト芯を挟み、縫ってみると……。ウォーキングフット（右）を使えば縫いずれがなく、表布・裏布ともにきれいにキルティング！　基本押えで縫うと、布がずれてしまう（左）。

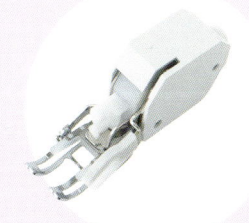

押えが針と連動し、押え自体に布を送る力が働くもの。3枚重ねてキルティングをしたり、針板や押えに貼りつく特殊素材を縫ったりなど、縫いずれしやすい生地を送りやすくする。

## ミシンでイラストが描ける！　キルト押え

布送りに制約されることなく、フリーハンド感覚で、絵や文字を縫い目で表現！

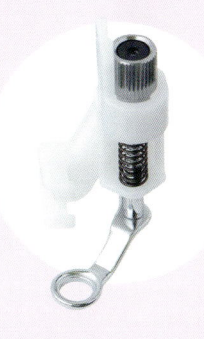

フリーモーションキルティングなどミシンの送り歯を使わずに、自由に布を動かしてステッチしたいときに使う。使用前に、送り歯を下げた状態にするのを忘れずに。

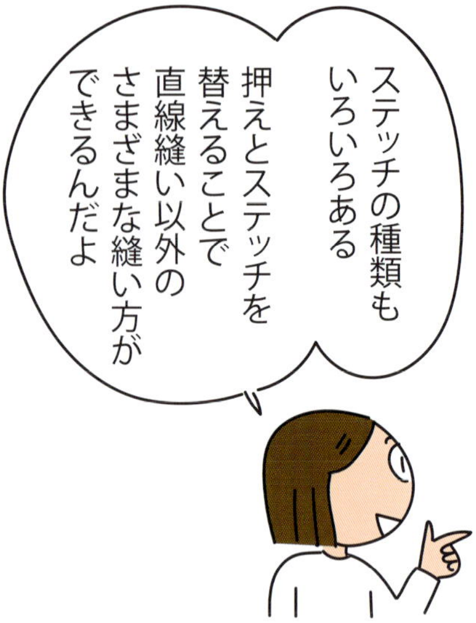
ステッチの種類も
いろいろある
押えとステッチを
替えることで
直線縫い以外の
さまざまな縫い方が
できるんだよ

# 覚えたい便利なステッチ

## 一番シンプルな縫い方　直線縫い

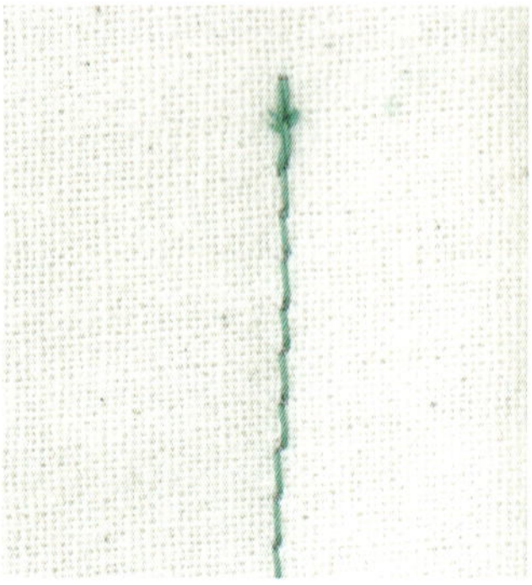

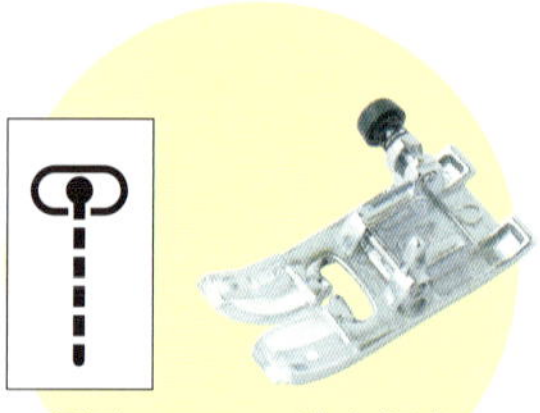

記号　基本押え

針板のガイドに沿って縫うと、
キレイな直線に！

## 簡単で美しい布端の始末はコレ！　裁ち目かがり縫い

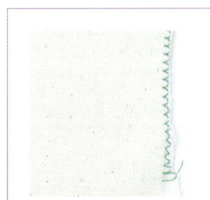

**ジグザグミシンで
布端を始末すると…**

「数mm内側をジグザグミシンで縫って、ギリギリのところでカットする」という布端の始末方法もあるが……。糸を切ってしまうことが多い・カットした布端がほつれやすいなど、「裁ち目かがり縫い」には及ばない点も多々。

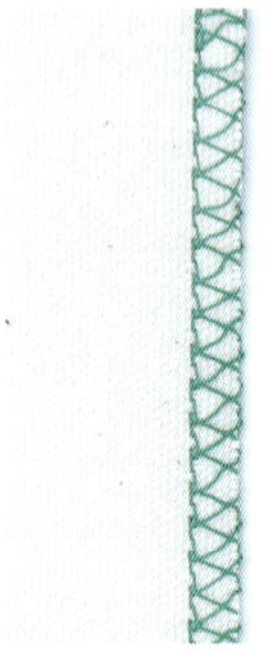

布はガイドと平行に沿わせるよう心がけて。布を押えのガイドに寄せすぎると、布端が丸まってかがられてしまうので要注意。

ミシンの機種により、裁ち目かがりに「普通地〜厚地」と「普通地〜薄地用」などの種類がある場合も。裁ち目かがり押えは右側が少し長く、ガイドになる。ここに布端を沿わせて針を下ろす。縫い終わったら奥に向かって布を外す。

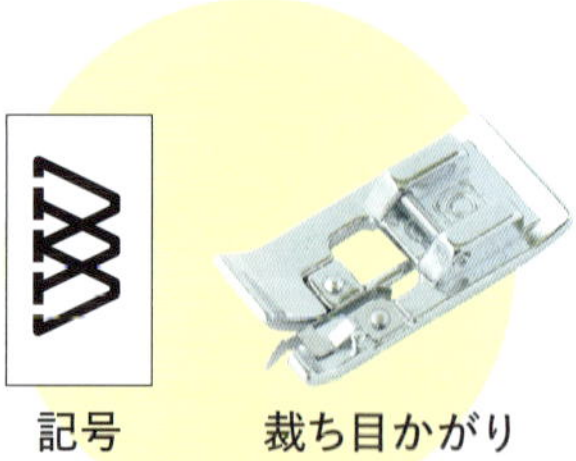

記号　裁ち目かがり押え

## ミシンはまつり縫いも得意　ブラインドステッチ

表に縫い目が目立たないので、ズボンやスカートの裾上げの時にきれい。

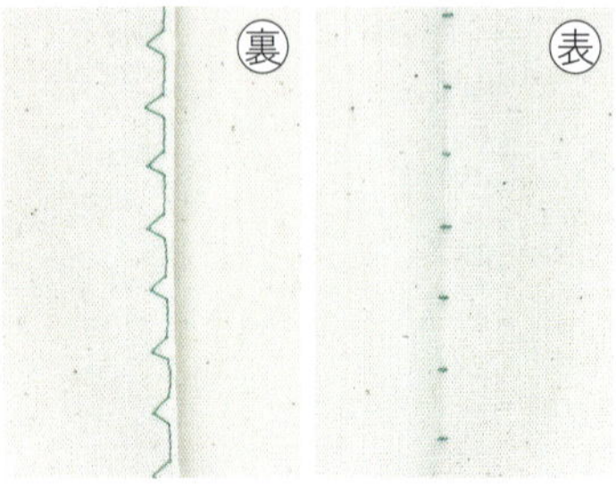
裏
表

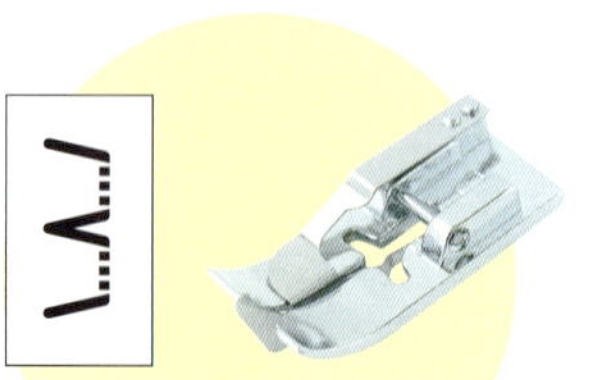

記号　ブラインドステッチ押え

「ブラインドステッチ（まつり縫い）だけは手縫いで」というミシンユーザーも多い。しかし、フレアスカートの裾の始末など、ブラインドステッチで行うと格段にラクで美しく！

## 布端の処理etc.多彩に使える！ **ジグザグ縫い**

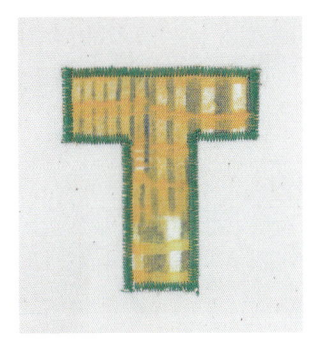

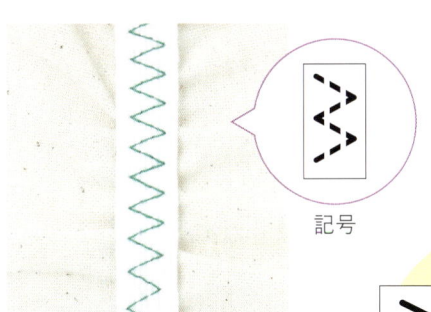

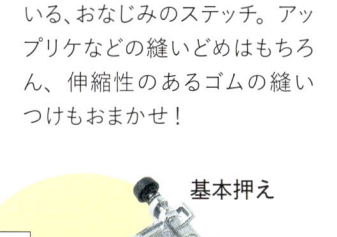

記号

ほとんどのミシンに搭載されている、おなじみのステッチ。アップリケなどの縫いどめはもちろん、伸縮性のあるゴムの縫いつけもおまかせ！

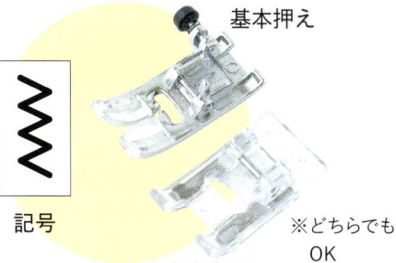

基本押え

記号

透明ジグザグ押え

※どちらでもOK

### アップリケ

アップリケ布をジグザグ縫いで、縫い留める。きれいに縫うコツは、アップリケ布の布端に針が当たるようにし、ステッチを外側に落とすこと。

### ゴムを縫いつけ

「3点ジグザグ」を選んで縫えば、ゴムが伸び縮みしても大丈夫。

## ボタンホールが一瞬でできちゃう！ **ボタン穴かがり**

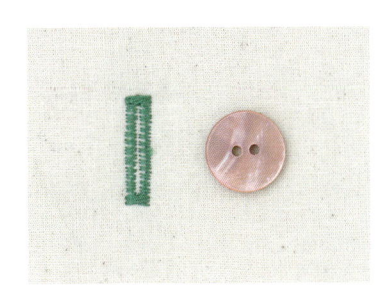

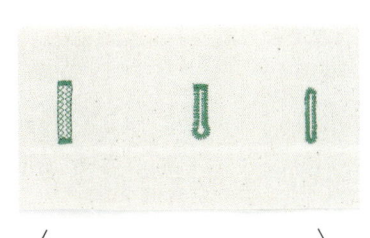

用途別にボタン穴かがりの種類が選べる機種も！

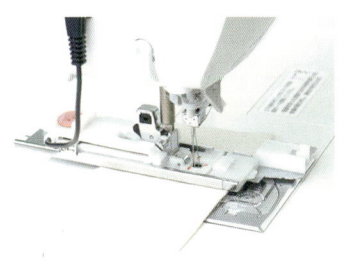

ボタン穴かがりの押えは、ミシンメーカーによってさまざま。取扱説明書を参照して正しく使えば、ビギナーでもきれいなボタンホールが作れるはず。

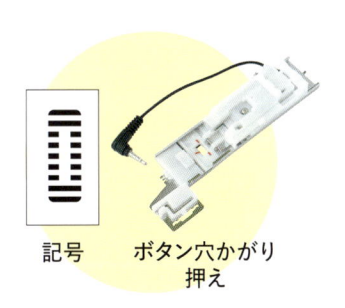

記号　　ボタン穴かがり押え

まず、「ボタン穴かがり押え」にある台皿の突起部を動かし、使用するボタンをのせて挟む（写真上の状態）。ボタン穴かがり押えをミシンにセットしたら、ボタンホール縫いを選択して縫う。通常の針の動きと違い、トリッキーな動きをするので 必ず試し縫いで確認して！　ボタンに合ったサイズのボタンホールが縫える（写真左上）。

## ニット用の糸がなくても普通糸でニットが縫える **伸縮縫い**

時に、普通糸で縫える。

うっかりニット糸を買い忘れた

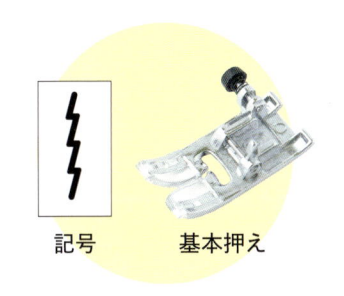

記号　　基本押え

普通地用の糸をニット地に使うと、ニットの伸び縮みに対応できず、糸が切れてしまうことも。よって、ニット用の糸が推奨される。しかし、文字通り伸縮するこのステッチならば、普通糸で縫ってもニットの伸びに対応。ただし、針はニットの繊維を傷つけない「ニット専用針」で。

早すぎたのでスローでもう一度　押えのつけ・はずし

### 押えをつける

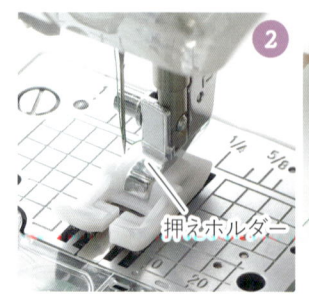

押えホルダー

押えレバーをゆっくり下げ、ピンを押えホルダーの溝にはめる。再度、押えレバーを上げて、確実に取り付けられたかを確認したら完了。

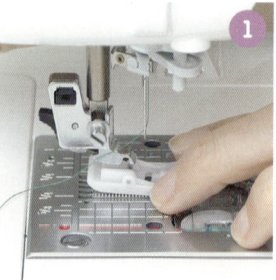

これから取り付ける押えのピンが、押えホルダーの溝の真下に来るようにセット。

### 今ついている押えをはずす

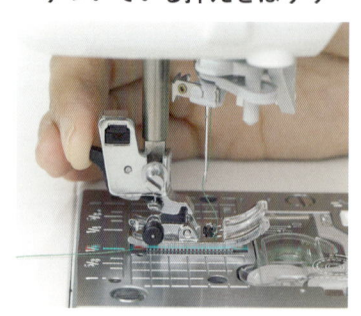

押えレバーを上げ、押えホルダーの後ろ側にある黒いボタンを押すとはずれる。

**1.後ろ身頃を描く**

数字の単位は㎝

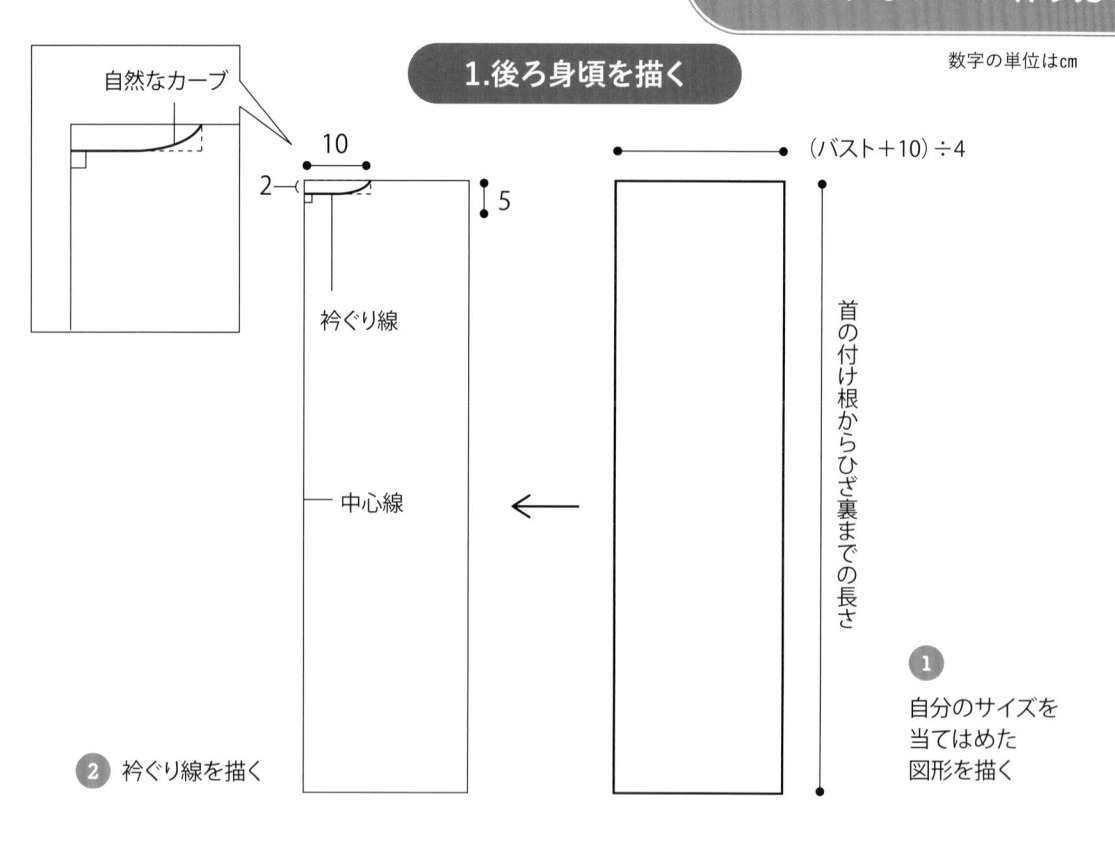

自然なカーブ

10

2

5

衿ぐり線

中心線

（バスト＋10）÷4

首の付け根からひざ裏までの長さ

**①** 自分のサイズを当てはめた図形を描く

**②** 衿ぐり線を描く

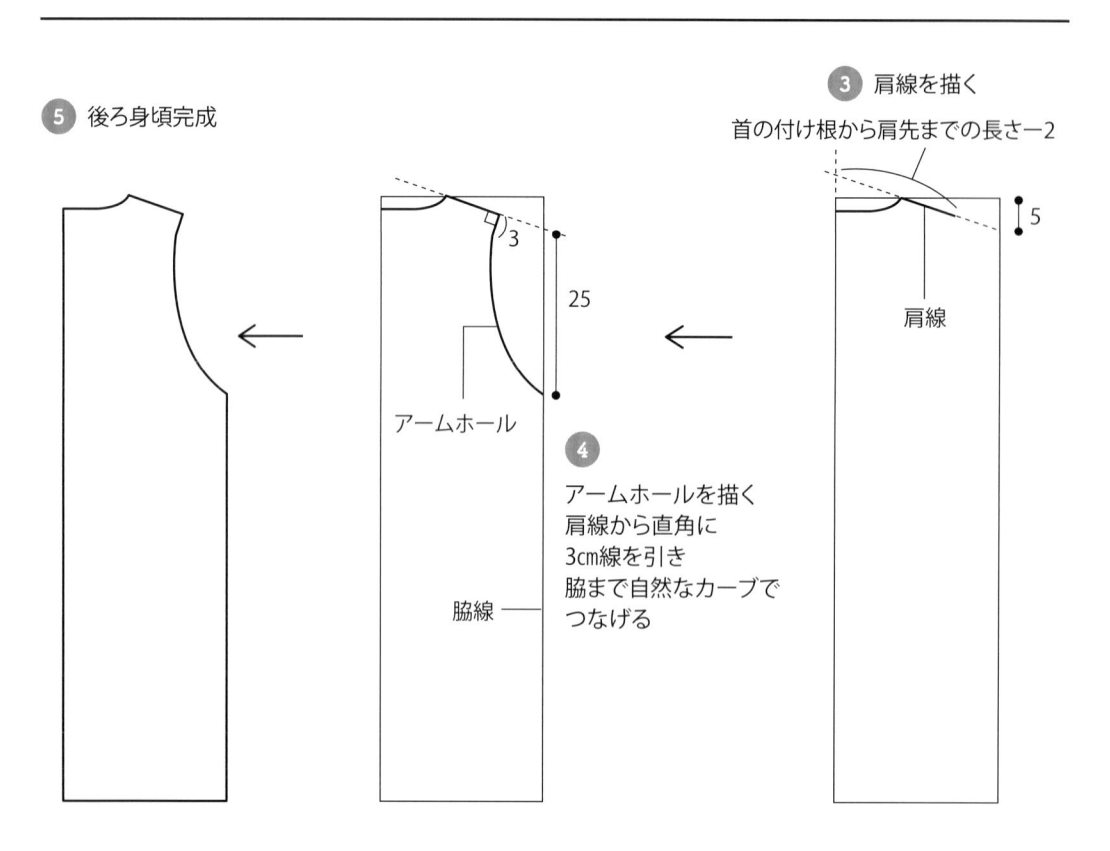

**⑤** 後ろ身頃完成

**③** 肩線を描く
首の付け根から肩先までの長さ－2

5

肩線

3

25

アームホール

**④** アームホールを描く
肩線から直角に
3㎝線を引き
脇まで自然なカーブで
つなげる

脇線

## 2.前身頃を描く

後ろ身頃と
前身頃の違いは
衿ぐりだけだよ

15

中心線

**①**

後ろ身頃を別紙に写し
・ 中心線を15㎝下げて
衿ぐり線を描く

**②** 前身頃完成

## 3.縫い代を描く

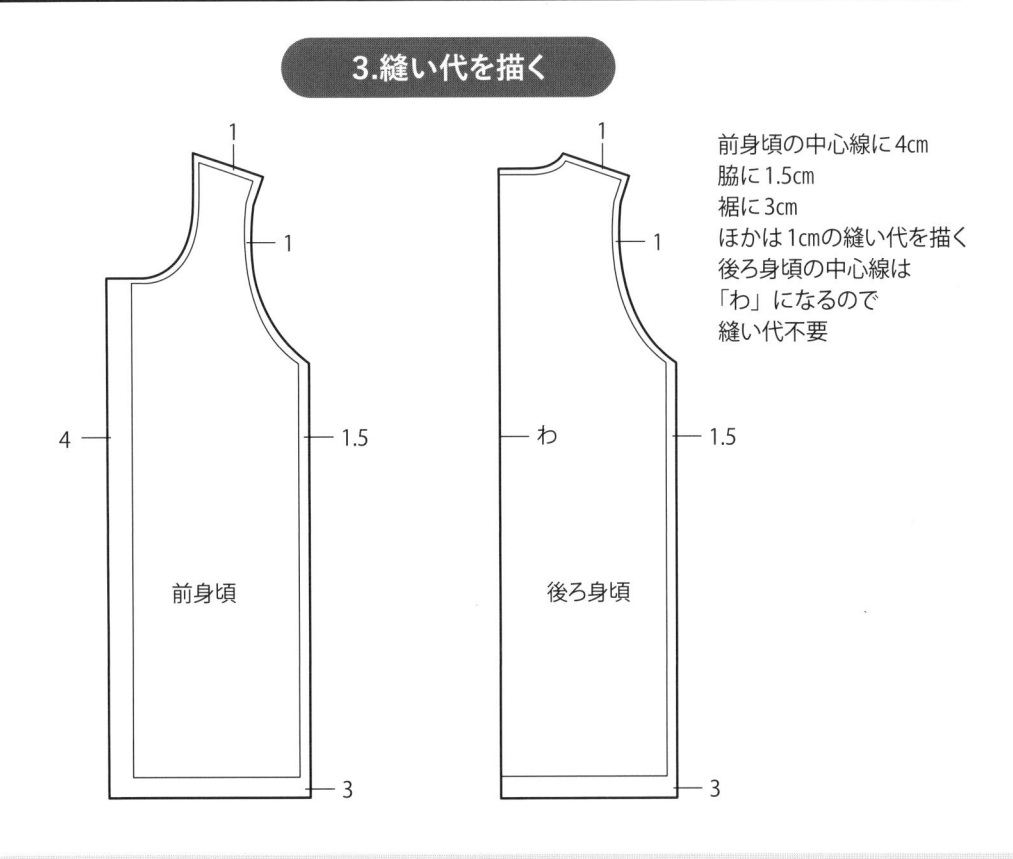

1

1

1

1

4

1.5

わ

1.5

前身頃

後ろ身頃

3

3

前身頃の中心線に4㎝
脇に1.5㎝
裾に3㎝
ほかは1㎝の縫い代を描く
後ろ身頃の中心線は
「わ」になるので
縫い代不要

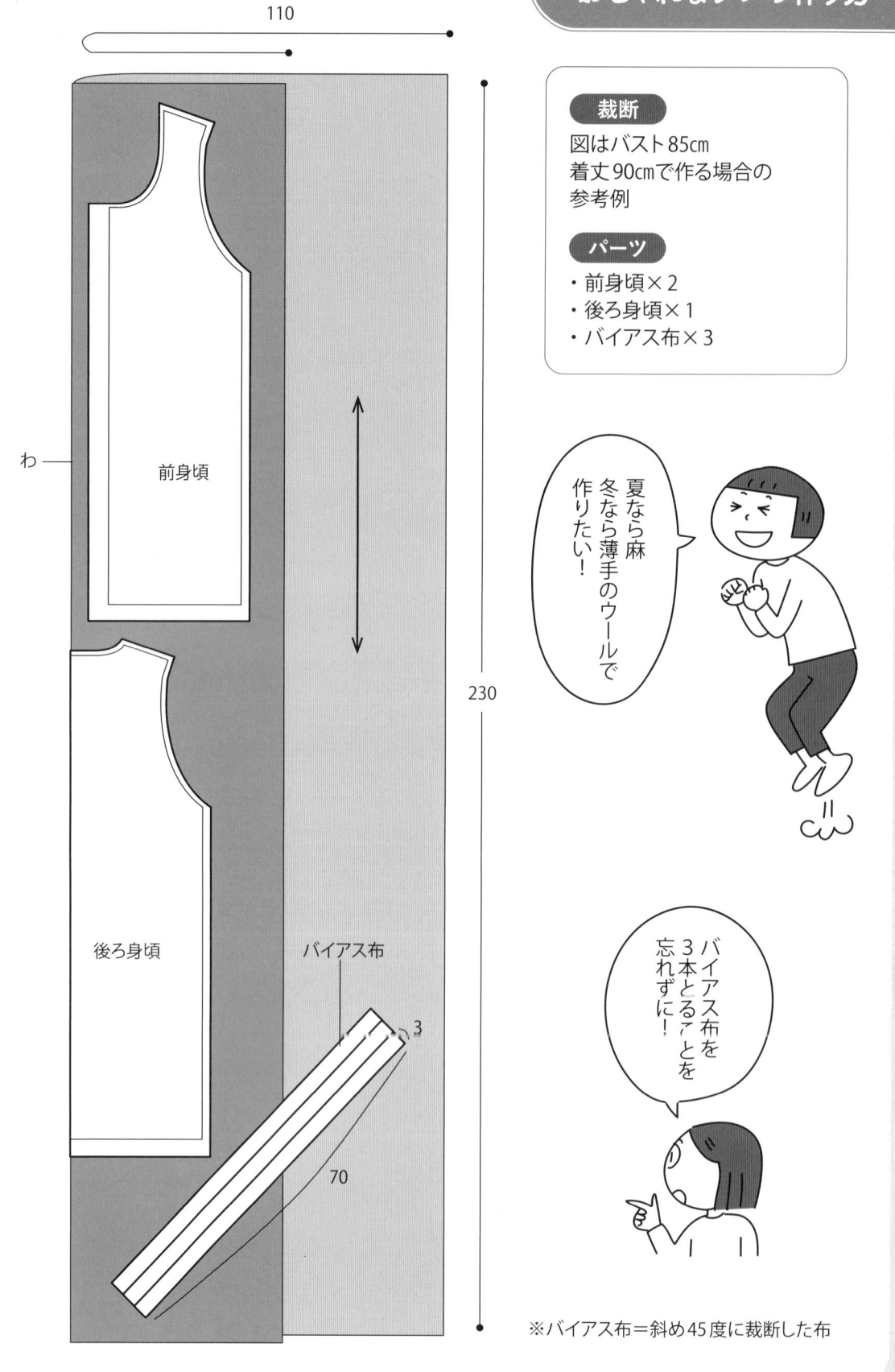

110

わ

前身頃

後ろ身頃

バイアス布

230

70

3

### 裁断

図はバスト85cm
着丈90cmで作る場合の
参考例

### パーツ

・前身頃×2
・後ろ身頃×1
・バイアス布×3

夏なら麻
冬なら薄手のウールで
作りたい！

バイアス布を
3本とることを
忘れずに！

※バイアス布＝斜め45度に裁断した布

こまめにアイロンをかけるのがキレイに仕上げるコツだよ

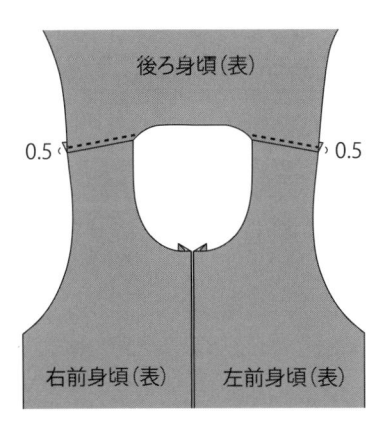

後ろ身頃（表）

0.5　　　　　　0.5

右前身頃（表）　　左前身頃（表）

② 縫い代を後ろ身頃側へ倒して
①の縫い目から0.5㎝のところを縫う
（補強のため）

## 3.衿ぐりをバイアス布で処理する

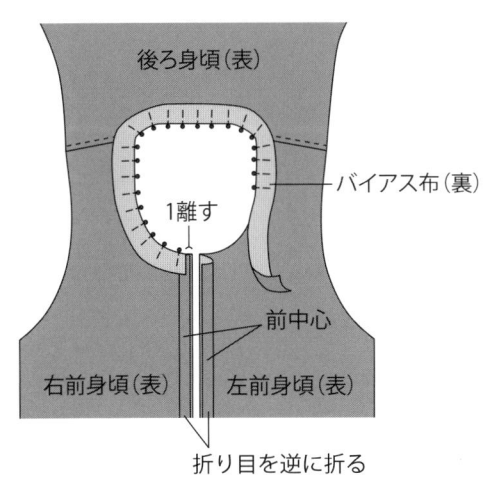

後ろ身頃（表）

バイアス布（裏）

1離す

前中心

右前身頃（表）　　左前身頃（表）

折り目を逆に折る

① 前中心の折り目を逆に折って
衿ぐり周囲にバイアス布を
中表にとめていく

## 1.準備

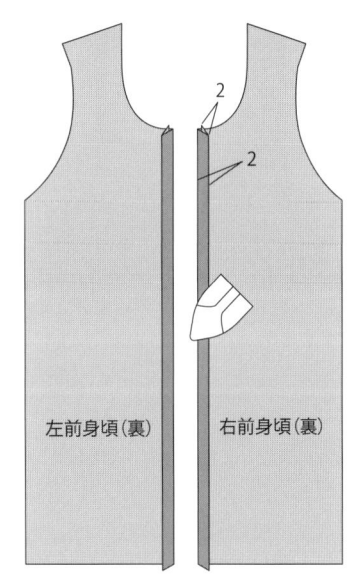

2

2

左前身頃（裏）　　右前身頃（裏）

① 前身頃の前中心を2㎝、2㎝の三つ折りにして
アイロンをかけておく（まだ縫わない）

## 2.肩を縫う

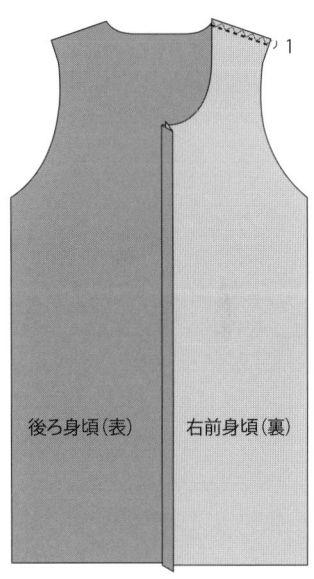

1

後ろ身頃（表）　　右前身頃（裏）

① 右前身頃と後ろ身頃を
中表にして肩を縫い代1㎝で
縫い、かがり縫いをする
左前身頃も同様に

※中表＝表面同士を
　　　　内側に合わせること

裁ち目かがり押え使用

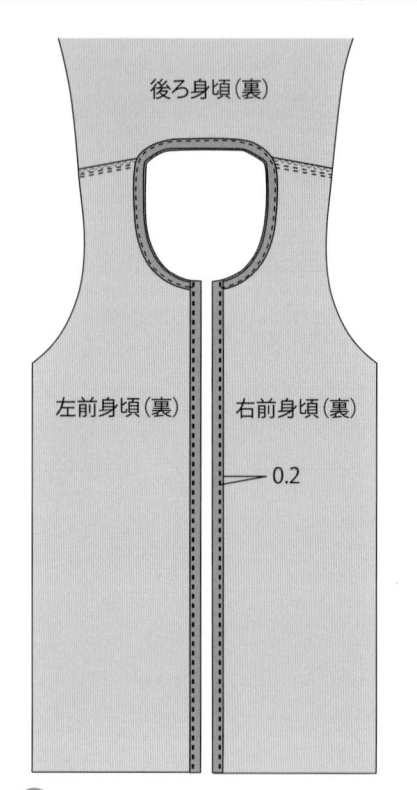

後ろ身頃（裏）

左前身頃（裏）　右前身頃（裏）

0.2

④ 前中心の端から0.2cmのところを縫う

## 4.アームホールを バイアス布で処理する

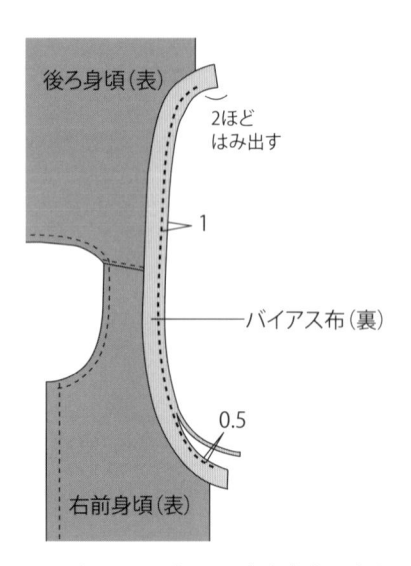

後ろ身頃（表）

2ほど
はみ出す

1

バイアス布（裏）

0.5

右前身頃（表）

① アームホールにバイアス布を中表で合わせ
　縫い代1cmで縫う
　縫い代は0.5cmでカット

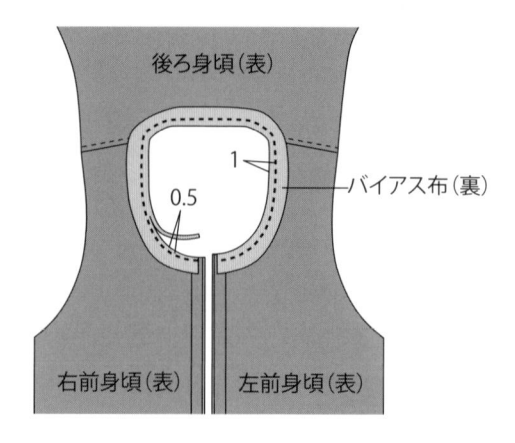

後ろ身頃（表）

1

0.5

バイアス布（裏）

右前身頃（表）　左前身頃（表）

② 縫い代1cmで縫う
　縫い代はジャマなので0.5cmでカットする

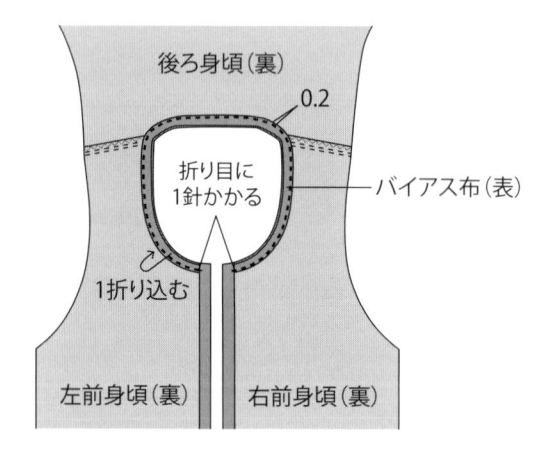

後ろ身頃（裏）

0.2

折り目に
1針かかる

バイアス布（表）

1折り込む

左前身頃（裏）　右前身頃（裏）

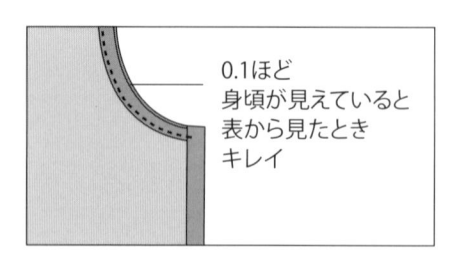

0.1ほど
身頃が見えていると
表から見たとき
キレイ

③ バイアス布と前中心を裏に折り返し
　1cm折り込んで端から0.2cmのところを縫う

# 104-8357

東京都中央区京橋 3-5-7
株式会社主婦と生活社
コットンタイム編集部

『津田蘭子の
「ミシンの困った！」
解決 BOOK』
愛読者係　行

ご住所
〒　　　　―

☎　　　　　　　　　　　　メールアドレス

お名前　　　　　　　　　　　　　　　　　男・女／年齢　　　歳
（フリガナ）

ご職業　　1主婦　2会社員　3自営業　4学生　5その他（　　　　　　　　　　）

未婚・既婚（　　年）／家族構成（年齢）

この本をどこで知りましたか?（複数回答可）
1書店　2amazon　3楽天ブックス　4コットンタイム本誌
5コットンタイムのインスタグラム　6著者のインスタグラム　7その他（　　　　　）

最近手作りしたアイテムと、今後挑戦してみたいアイテムは?

最近買った手芸書は?

『津田蘭子の「ミシンの困った！」解決BOOK』を
お買い上げいただき、ありがとうございました。
今後の企画の参考にさせていただくため、
アンケートにご協力ください。

お答えいただいた先着200名様から、抽選で10名様に、小社刊行物（手芸本）を
プレゼントいたします。（刊行物の指定はできませんので、ご了承ください）。
当選者の発表は商品の発送をもってかえさせていただきます。

---

1 この本を購入された理由は何ですか？

2 この本の中で「ためになった」と思った手法、テクニックを3つお書きください。
( )ページの( )
( )ページの( )
( )ページの( )

3 この本の表紙、内容、ページ数、価格のバランスはいかがですか？

4 津田蘭子さんの本がまた出るなら、どんな内容の本が読みたいですか？

5 興味のある手芸を教えてください。（複数回答可）
1布小物　2ソーイング（ウエア）　3パッチワーク　4編み物
5レジンやビーズなど　6刺しゅう　7その他（ ）

## 5.脇を縫う

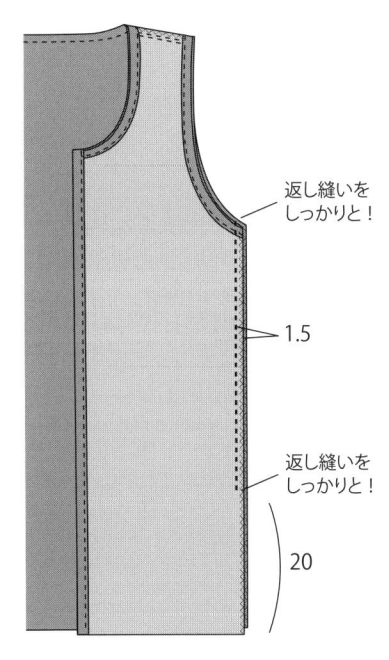

返し縫いを
しっかりと！

1.5

返し縫いを
しっかりと！

20

**1** 前身頃と後ろ身頃を中表で合わせ
裾上20cmのところまで脇を縫い合わせる
縫い始めと縫い終わりの返し縫いを
しっかりしておく

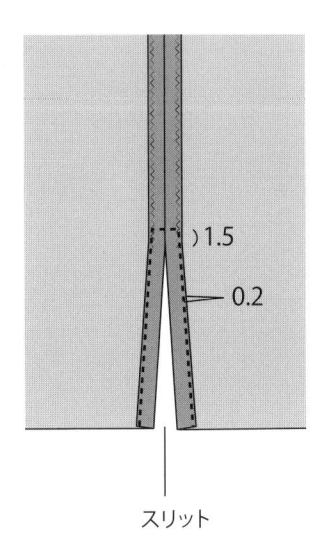

1.5

0.2

スリット

**2** 縫い代を割ってアイロンをかけ
スリット周囲を縫う

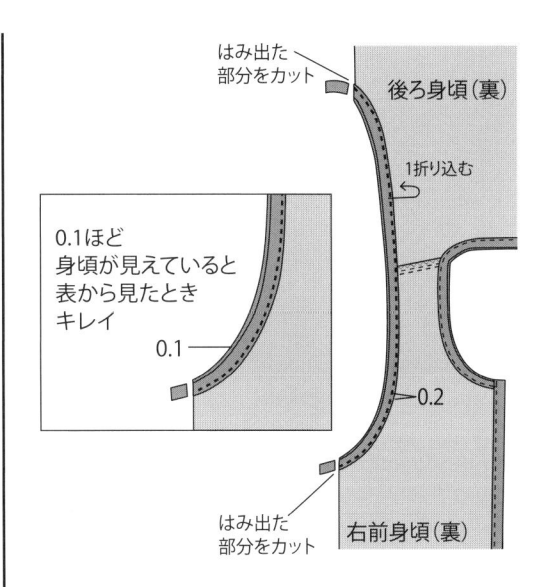

はみ出た
部分をカット

後ろ身頃（裏）

1折り込む

0.1ほど
身頃が見えていると
表から見たとき
キレイ

0.1

0.2

はみ出た
部分をカット

右前身頃（裏）

**2** バイアス布を裏側に折り返し
1cm折り込んで端から0.2cmのところを縫う
はみ出たバイアス布はカットする

裁ち目かがり押え使用

**3** 前身頃、後ろ身頃の脇を
裁ち目かがり縫いする

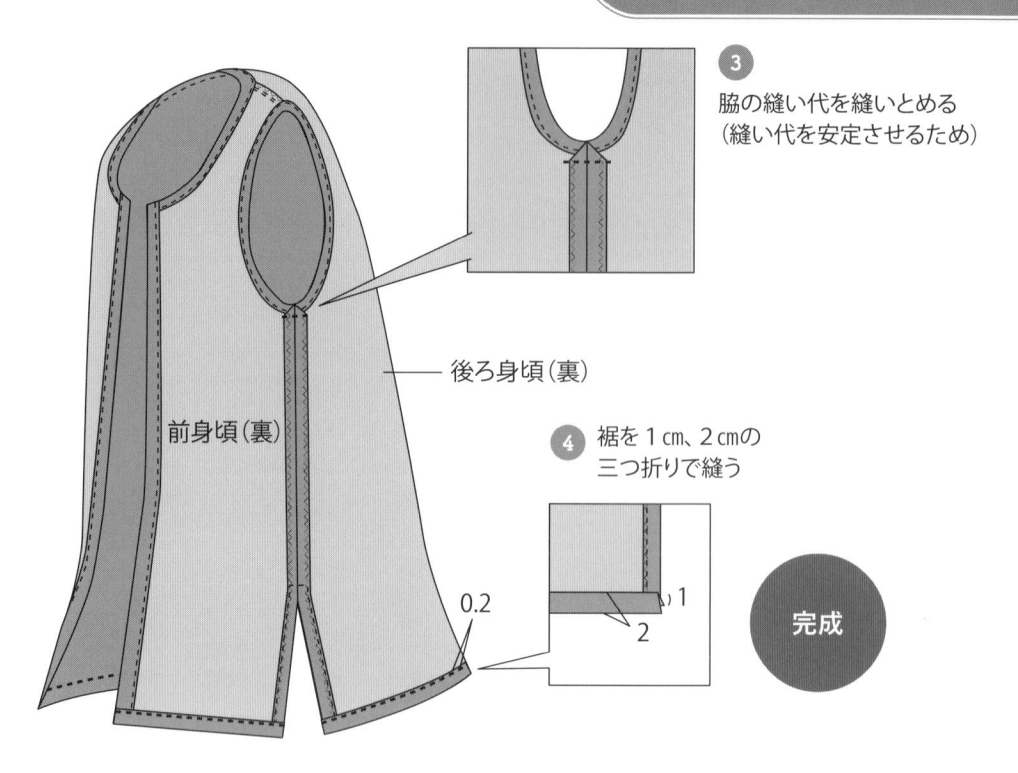

**3** 脇の縫い代を縫いとめる
（縫い代を安定させるため）

後ろ身頃（裏）

前身頃（裏）

**4** 裾を 1 ㎝、2 ㎝の
三つ折りで縫う

0.2　1　2

**完成**

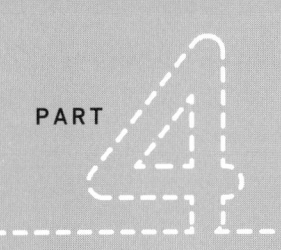

# PART 4

# ニットを縫ってみる！

## ～針と糸を替えて縫う

家庭用ミシンでも
ニット地を縫える？

Tシャツとか
作れるの？

もちろん
縫えるよ

ニットを縫うのを
敬遠する人も
いるけど

端が
丸まっちゃう
からイヤとか

縫いズレる
とか

いくつかのポイントを
押えれば それほど
難しくないと思うな

生地の特性を生かせば
布帛（ふはく）（普通の生地）で
作るよりも時短で
作れたりもするしね

切り口は 丸まりやすい
けど ほつれにくい

つまり切りっぱなし
でも OK

私はカットソーや
タンクトップ
ソックスなど
いろいろ家庭用ミシンで
縫ってるよ

ソックス
作れるの!?

Tシャツを作るときは身頃にスムースニット、襟ぐりにリブニットを使うことが多いよ

# 使いやすいニット生地4種

ニット（編み物）生地はシワになりにくく、普段使いのカットソーやTシャツなどに最適。ここでは、ホームソーイングにおすすめの4種をご紹介します。

### リブニット

- **名前の由来**：リブ＝編み物や織物のうね。
- **特徴**：縦の筋が入る。縦のラインでスリム効果。伸縮性に優れ体にフィット。
- **向いているアイテム**：裾・衿などのパーツ、スカートやワンピースなど。

### フライスニット

- **名前の由来**：フライス＝ゴム編みのこと。
- **特徴**：表と裏の編み目が同じ。横方向によく伸びる。カーリング（耳まくれ）がない。
- **向いているアイテム**：乳幼児の服、Tシャツ、カットソーなど。

### ポンチニット

- **名前の由来**：正式名称の「ポンチローマ（もしくはポンチデローマ）」の略語。
- **特徴**：ハリや光沢がある。型崩れしにくい。ストレッチ性があるが横に伸びにくい。
- **向いているアイテム**：ブレザー、スカート、コートなど。

### スムースニット

- **名前の由来**：手触りがよい（スムース）なことから。
- **特徴**：比較的初心者向きのニット。表と裏の編み目が同じ。適度な伸縮性があり、裁断面が丸まりにくい。
- **向いているアイテム**：Tシャツや、乳幼児の服など。年間を通じて使える。

# ニットソーイングの便利グッズ＆使い方

ニット生地は、織物の布に比べ針が進みにくく、布がずれやすいのが難点。
便利グッズを上手に利用してくださいね！

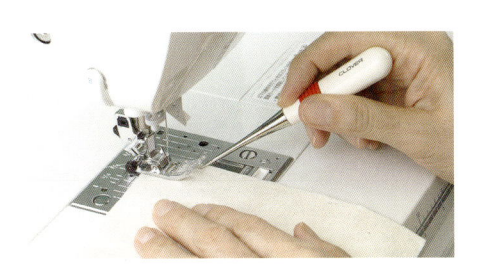

### 目打ち

縫っている最中、ニット生地がたわまないように、目打ちで押さえて調整を。ニットソーイングのほか、ギャザーをきれいに縫う・三つ折り縫いの補助・角を整えるなど、目打ちは大活躍！

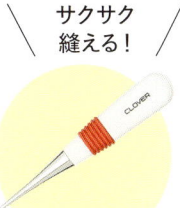

サクサク縫える！

なんちゃってテフロン押え！

テフロン押えを使うと、布のすべりが良くなって、縫いずれが起きにくい。

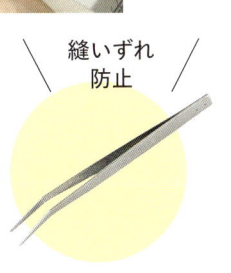

### ピンセット

特に薄いニット生地を重ねて縫っていると、下にある生地がはみ出したり、引っ込んだり……。上下のニット生地の重なりを正しくするため、ピンセットで軽く下の生地を引っぱって。

縫いずれ防止

### 手芸用両面テープ

「しつけテープ」などの商品名で販売。ニット生地に使う「テフロン押え」（p43）がない場合、写真のように基本押えに貼る。ニットに接する方の剥離紙をそのままにすれば、スムース押えと同じ効果が！
ただし、針が当たらない場所につけること。

布送りスイスイ！

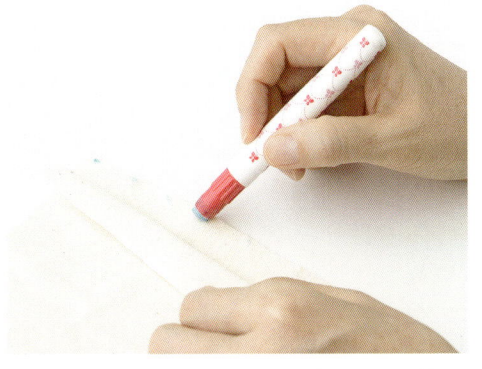

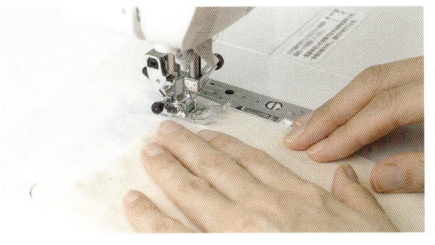

### 薄い紙

ニット生地はミシンの運針によって、生地が傷んだり伸びたりしがち。薄い紙……ハトロン紙、トレーシングペーパー、新聞紙などを下に敷いて縫えば、ニット生地が針につられて食い込むこともない。

生地が傷まない

### 布用のり

「布用ボンド」とも。ニットの生地は伸縮性があり、クリップでとめても縫いずれが起こりがちだから、布用ボンドを。のりを直線で塗ると生地が伸びるため、点を打つようにしてのりづけを。

まち針いらず！

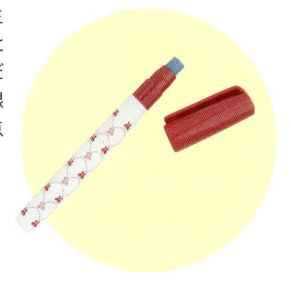

## テクニックを駆使する

**目打ち**
針のそばギリギリまで布を押さえられるので
縫いずれしにくい
素手でアシストするよりも安全

**ピンセット**
目打ちと使い方は同じ
ピンセットなら布をつまんだりもできる

縫うときに目打ちや
ピンセットを使って
布送りをアシストして
あげると
伸びや縫いずれが
しにくくなる

使う布や
作るアイテム
どの程度完成度を
求めるかによって

これらのどれかを
試してみたり
合わせ技で自分なりの
解決方法を探ってみて

本人の熟練度
にもよる

これを全部
やるの〜？

ムリ〜〜

ちなみに私は
たまに押え圧を調整
してみたり
のりを使ったりする
くらいだね

すごい！
熟練してると
道具を使わな
くてもキレイに
縫えるんだ！

さすが。

というか

そもそも
縫いにくい布を
選ばないし

それに…

あまり完成度を
気にしてないだけ

ちょっとくらい
波打ってても
縫えてりゃいいか

着てたら
目立たないし

そっちか！

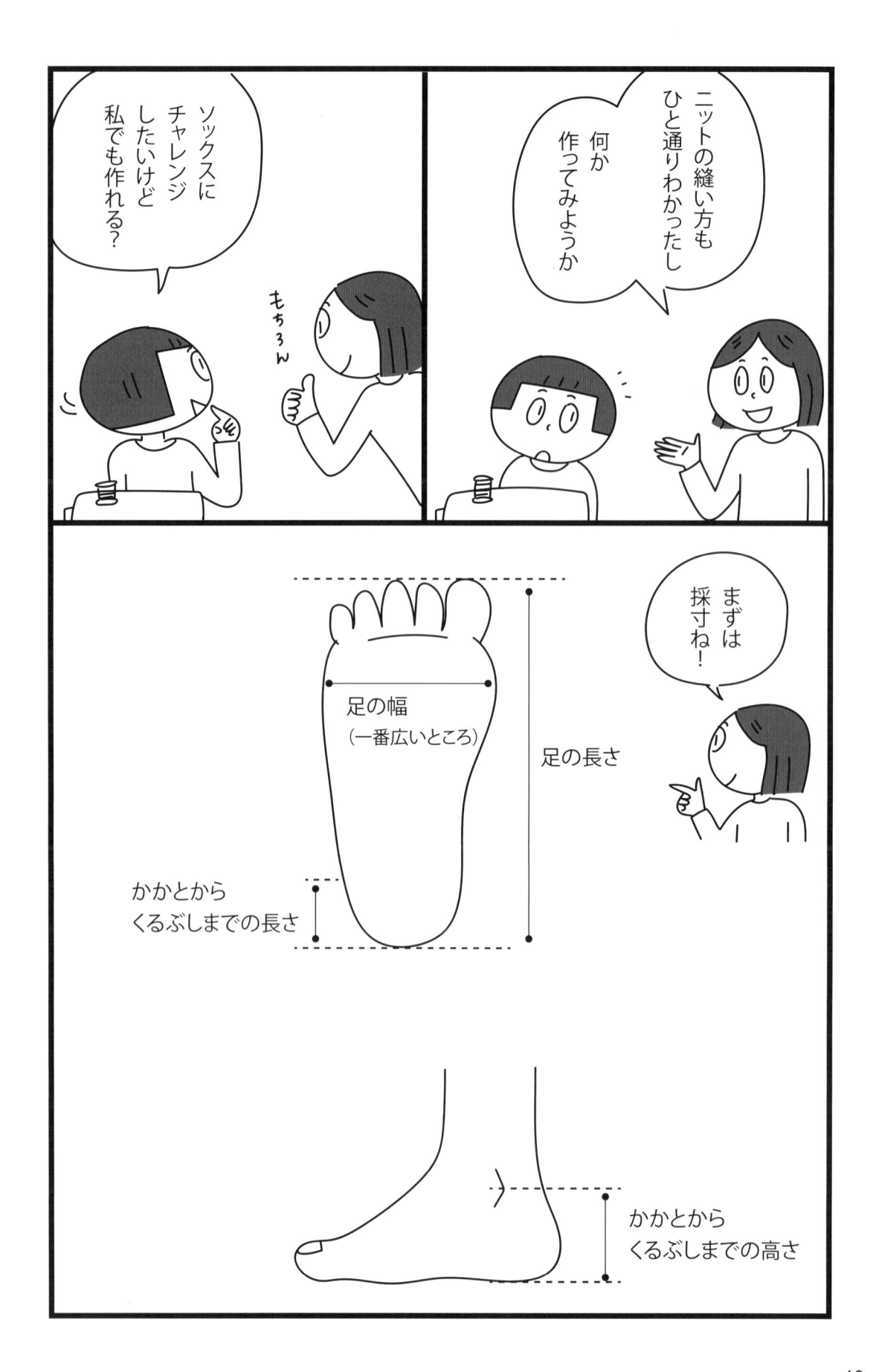

ニットを縫ってみる！　〜針と糸を替えて縫う

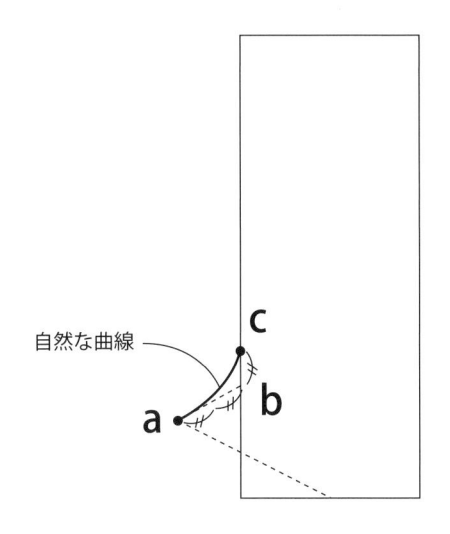

自然な曲線

c
b
a

③ 図のように **c** 点の位置を求め
**a** 点から **c** 点まで自然な曲線を引く

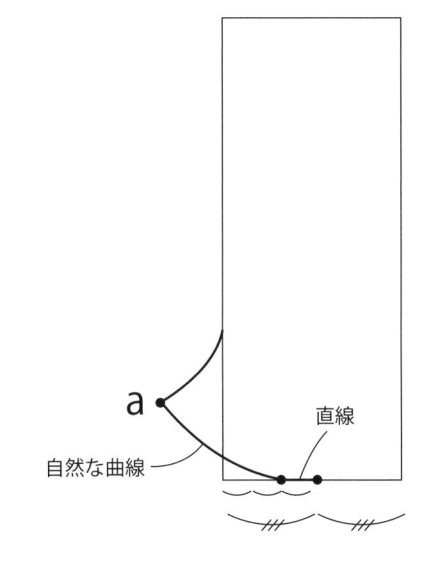

a

直線

自然な曲線

④ かかとの中心から図のように引き
**a** 点まで自然な曲線でつなげる

これは
かかとの
部分を
描いている
んだよ

---

数字の単位は㎝

A、B ２つのパターンを作ります
ますはパターンＡから

足の幅＋0.5〜1㎝

つま先

くるぶしの
高さの1/2

足の
長さ

a

かかと

かかとから
くるぶしまでの長さ

① 自分のサイズを当てはめて長方形を描く
甲が薄い人は0.5㎝
甲高の人は1㎝横幅を足す
かかとからくるぶしまでの長さの位置から
外に向かってくるぶしの高さの
２分の１の地点をaとする

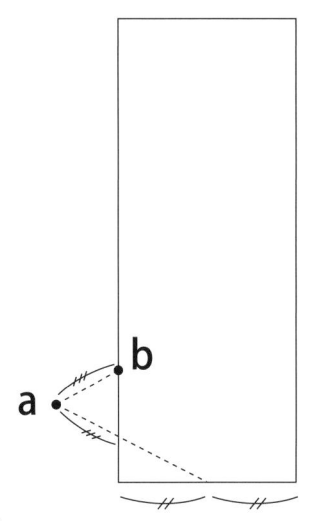

b
a

② 図のように **b** 点に印をつける

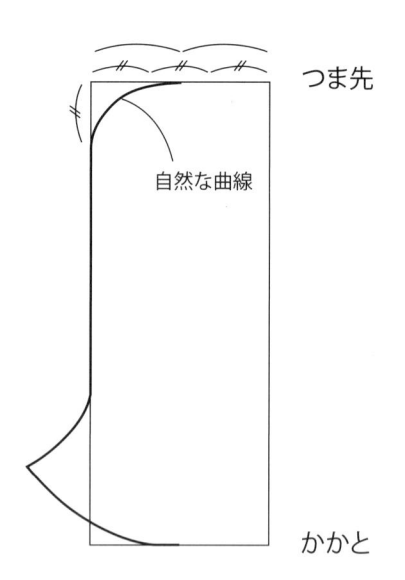

つま先

自然な曲線

かかと

**5** 自然な曲線でつま先線を引き
④までに引いた線とつなげる

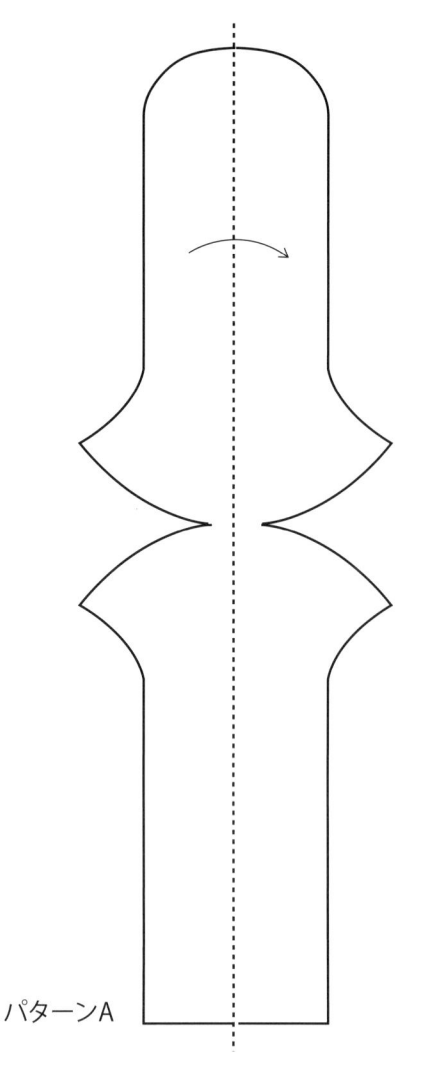

パターンA

**7** ⑥を左右に反転させて写し
パターンAが完成！

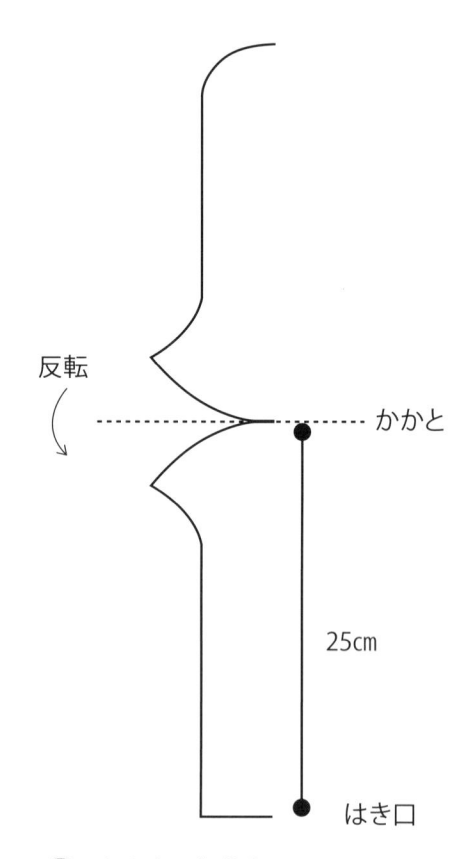

反転

かかと

25cm

はき口

**6** かかとの部分を
上下に反転させて写し
はき口まで25cm伸ばす

似たかんじの
図が描ければ
いいのよ

布なんてどうせ
伸びるんだし

難しく考え
なくて大丈夫
ゆるやかなカーブが
描けてたら
オッケーよ

自然な曲線って
どう引くの？

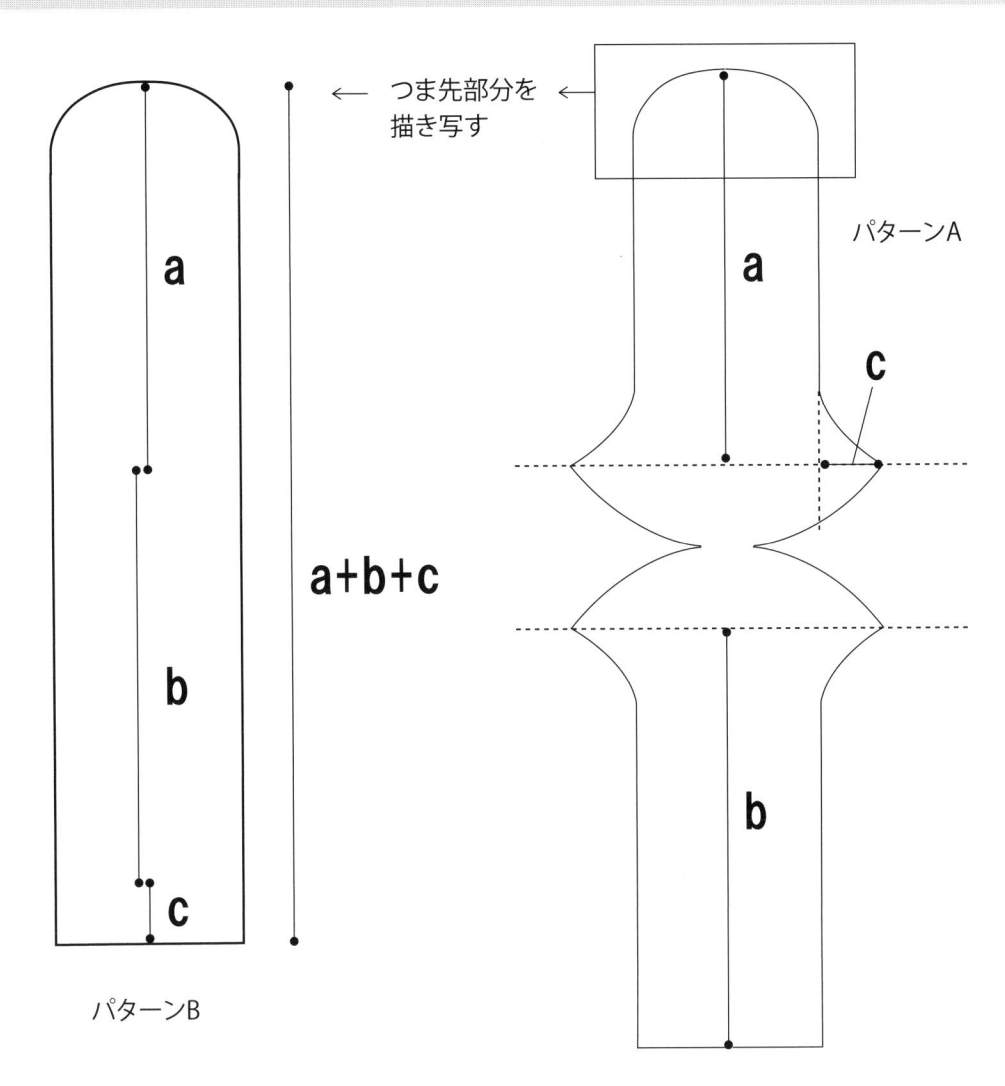

← つま先部分を
描き写す ←

パターンA

a

b

c

パターンB

a+b+c

**8** パターンAのつま先部分を描き写し、**a**+**b**+**c**の長さにしたら
パターンBの完成！

なので
このパターンを
縫い代込み型紙として
使います

ニットは伸びるから
縫い代分をつけると
ゆるすぎるのよね

あれ？
縫い代は
描かないの？

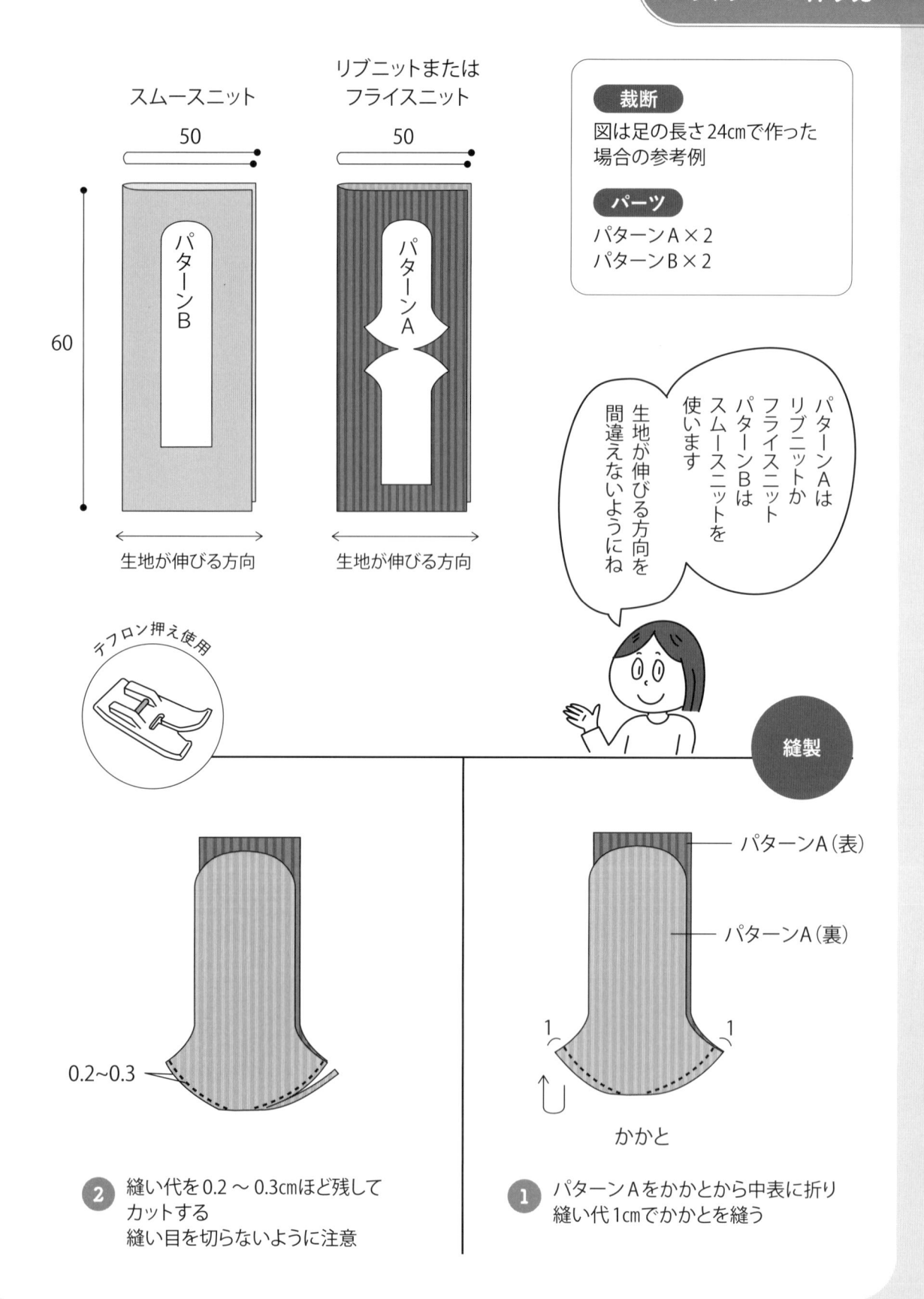

スムースニット

リブニットまたは
フライスニット

50

50

60

生地が伸びる方向

生地が伸びる方向

パターンB

パターンA

パターンAは
リブニットか
フライスニット
パターンBは
スムースニットを
使います

生地が伸びる方向を
間違えないようにね

テフロン押え使用

縫製

パターンA（表）

パターンA（裏）

1　　　　　1

かかと

② 縫い代を0.2〜0.3cmほど残して
カットする
縫い目を切らないように注意

0.2〜0.3

① パターンAをかかとから中表に折り
縫い代1cmでかかとを縫う

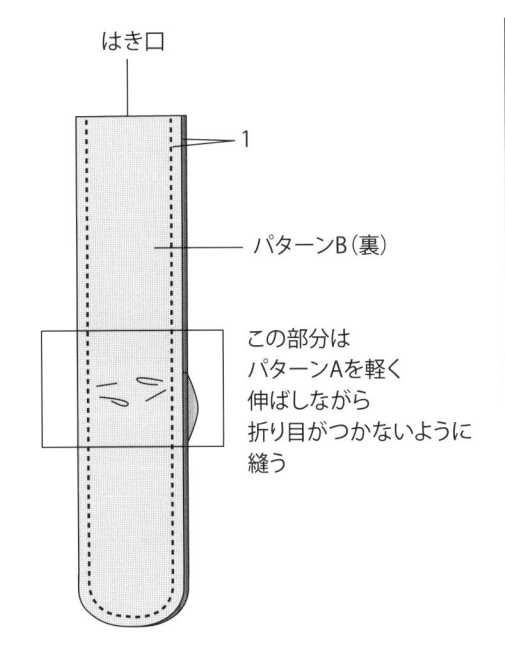

はき口

1

パターンB（裏）

この部分は
パターンAを軽く
伸ばしながら
折り目がつかないように
縫う

⑤ はき口を残して
周囲を縫い代1cmで縫う
（上下の布がずれやすいので
目打ちやピンセットで
押さえながら縫うとうまくいく）

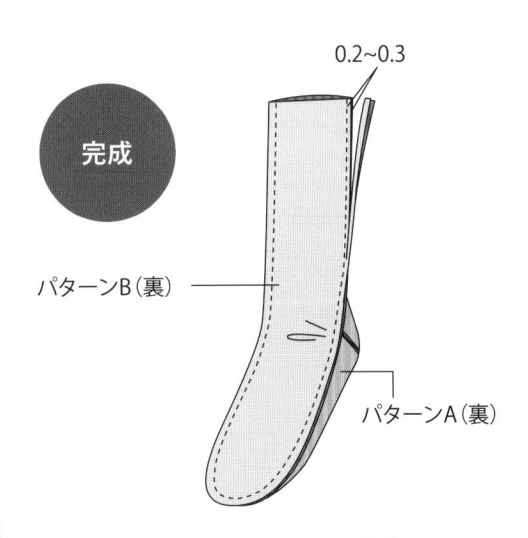

**完成**

0.2~0.3

パターンB（裏）

パターンA（裏）

⑥ 縫い代を0.2~0.3cmほど残して
カットする
縫い目を切らないように注意
表に返したら完成！

縫い始めと
カーブしている
つま先部分は
のりを使うと
縫いずれしにくい

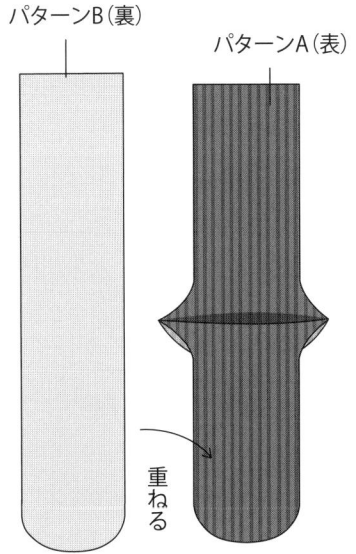

パターンB（裏）

パターンA（表）

重ねる

③ パターンAとパターンBを
中表に合わせる

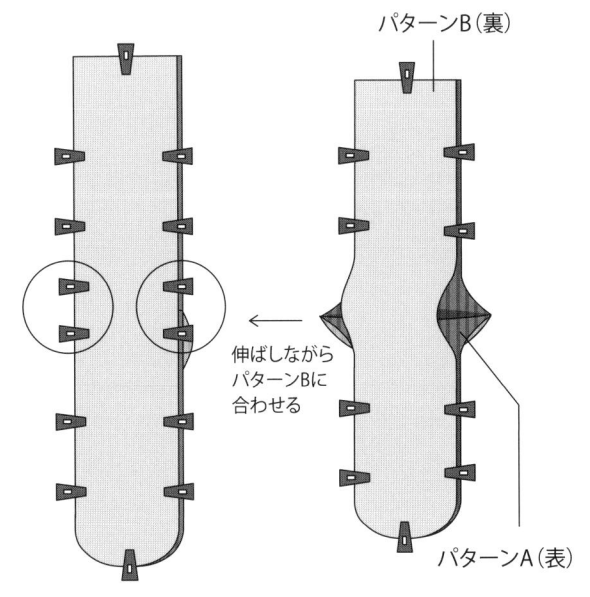

パターンB（裏）

伸ばしながら
パターンBに
合わせる

パターンA（表）

④ パターンAのカーブの部分は、
少し伸ばしながらパターンBに
合わせてクリップでとめていく

# ファスナーをつける！

## 〜押えと縫い方のコツ

ファスナーを考えた人って天才だね！

# ファスナーを知ろう

## ファスナーの名称

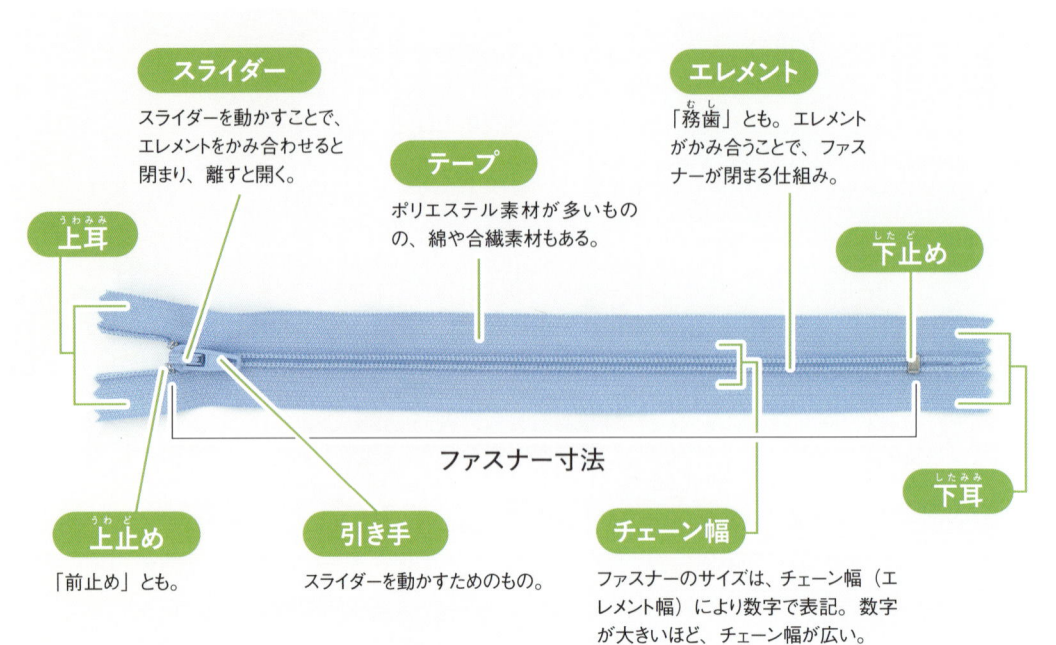

**スライダー**
スライダーを動かすことで、エレメントをかみ合わせると閉まり、離すと開く。

**テープ**
ポリエステル素材が多いものの、綿や合繊素材もある。

**エレメント**
「務歯（むし）」とも。エレメントがかみ合うことで、ファスナーが閉まる仕組み。

**上耳（うわみみ）**

**下止め（したどめ）**

**下耳（したみみ）**

ファスナー寸法

**上止め（うわどめ）**
「前止め」とも。

**引き手**
スライダーを動かすためのもの。

**チェーン幅**
ファスナーのサイズは、チェーン幅（エレメント幅）により数字で表記。数字が大きいほど、チェーン幅が広い。

---

## POINT！

### ファスナーつけには布用両面テープを！

縫いずれが起こらず便利！ 3mm幅くらいが使いやすい。ただし、テープを縫ってしまうと針にのりがついて、ベタベタになってしまうので注意！

両面テープは、針が当たらないよう端につけよう。まず、片方のテープの剥離紙をはがし、布と接着させミシンがけ。その後、もう一方の剥離紙をはがして縫えば完成。

# ファスナーの基本の縫い方

ファスナーつけが苦手という人はたくさん！　でも、ミシン名人たち曰く、「何度もつけているうちに上手になるから大丈夫！」。恐れずに挑戦してみて。

**①**

## エレメントから
## 5mm以上離してスタート

正面から見て、ピンの左側を押えホルダーに、ファスナー押えをセット。ファスナーと生地を中表にする。スライダーがジャマにならないようにずらし、エレメントから5mm以上離した場所を縫う。

※ただし両面テープを縫わないように注意！

**ファスナー押えを
使用**

ピン

生地とファスナーを
回転させるとスライダーを
動かしやすい

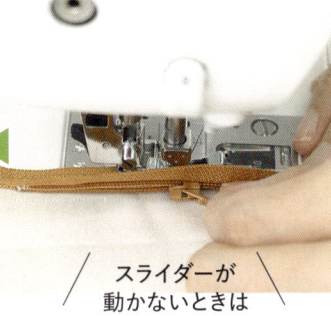

スライダーが
動かないときは

**②**

## スライダーを移動させて
## 縫い進める

スライダーがジャマになって進めなくなったら、いったん止まる。針を下ろしたまま押えを上げ、布ごと斜めにずらし、スライダーを動かす。

**③**

## 押えを付け替え
## 逆サイドを縫う

片方を縫い終わったら、ファスナー押えのピンの右側を押えホルダーにセットし、同じ方向から同じように縫っていく（同じ方向で縫うと、左右がずれたりねじれたりしにくい）。

完成

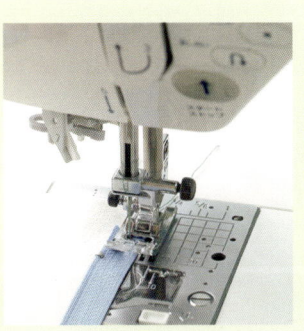

## 「基本押え」で
## ファスナーを縫うには？

基本押えでファスナーを縫うときは、針基線（38ページ）を端に寄せるのがコツ。ただし、ファスナー押えより横幅があるので、縫い目がエレメントより少し離れる。

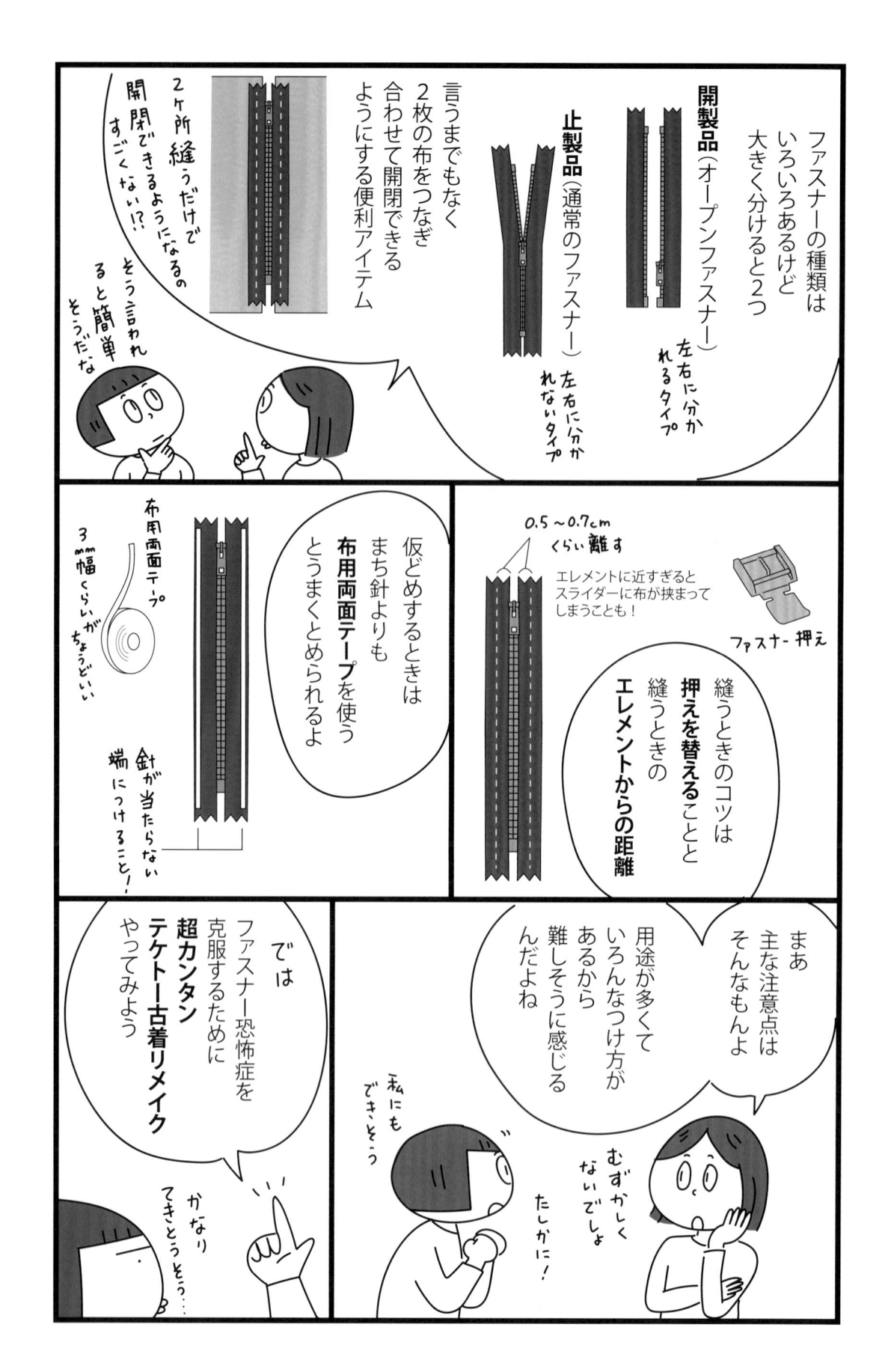

# セーターにファスナーをつけてみよう

① セーターを裏返し、ファスナーを布用両面テープで仮どめする

セーター（裏）
ファスナー（表）
布用両面テープ
ファスナー（裏）

材料　古着セーター×1
　　　オープンファスナー×1

ファスナーの長さは
セーターの衿ぐりから裾までの長さと同じか
それより短めでもOK（それもテキトー）

③ 表から縫い目の間をカットしたら完成！

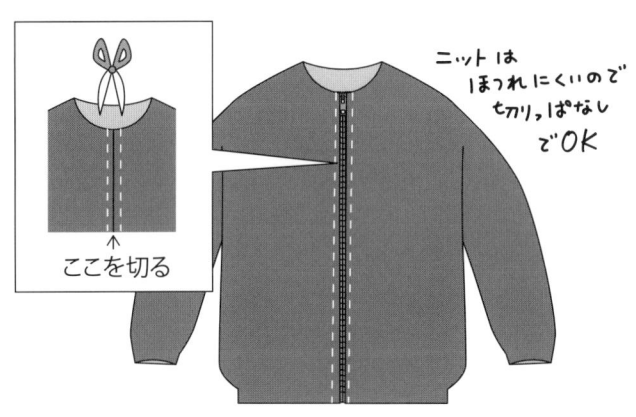

ここを切る

ニットはほつれにくいので切りっぱなしでOK

セーターが前あきのブルゾンに！

② ファスナー押えに替えてファスナーを縫う
（伸びる場所じゃないので普通糸で直線縫いで縫ってOK）

上耳がはみ出るようなら折る

後ろ身頃を縫わないように注意

テープの真ん中あたりを縫う

あきの広い裾側から縫うと縫いやすいよ

じゃあファスナー付きのバッグにも挑戦してみよう！

でしょ

早っ！
なんかファスナーちょろい気がしてきた

お〜！

73

# ファスナー付きBIGトートのパターン

（縫い代込み）　　　数字の単位はcm

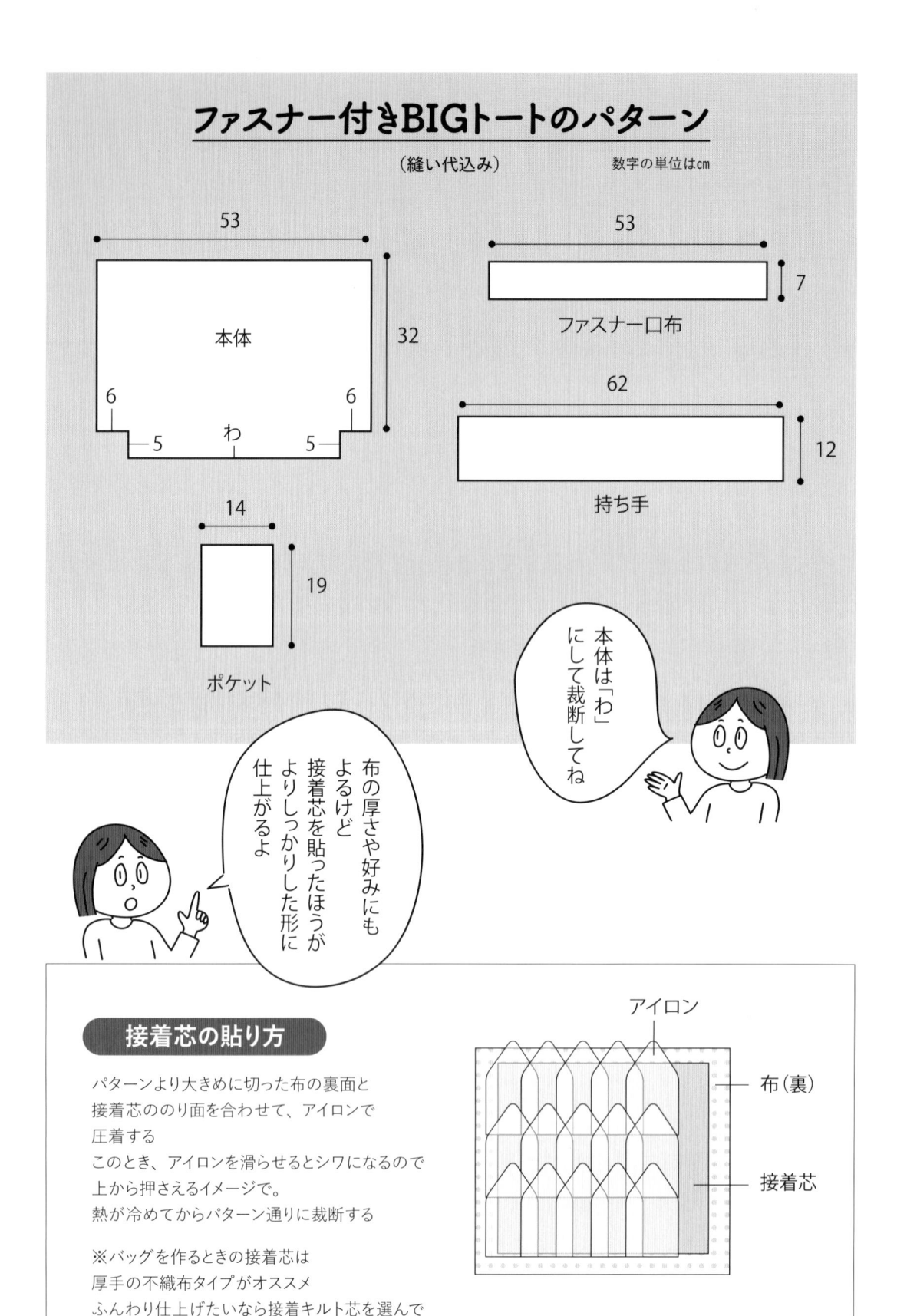

**本体** 53 × 32（6、5、わ）

**ファスナー口布** 53 × 7

**持ち手** 62 × 12

**ポケット** 14 × 19

本体は「わ」にして裁断してね

布の厚さや好みにもよるけど接着芯を貼ったほうがよりしっかりした形に仕上がるよ

## 接着芯の貼り方

パターンより大きめに切った布の裏面と
接着芯ののり面を合わせて、アイロンで
圧着する
このとき、アイロンを滑らせるとシワになるので
上から押さえるイメージで。
熱が冷めてからパターン通りに裁断する

※バッグを作るときの接着芯は
厚手の不織布タイプがオススメ
ふんわり仕上げたいなら接着キルト芯を選んで

アイロン

布（裏）

接着芯

## 材料

**【表地】**
本体×1
ファスナー口布×2
持ち手×2
ポケット×2

**【裏地】**
本体×1
ファスナー口布×2

ファスナー
（止製品）50cm×1

パーツが多いから
モレがないか
確認してね

※裏面に接着芯を貼っておくパーツ

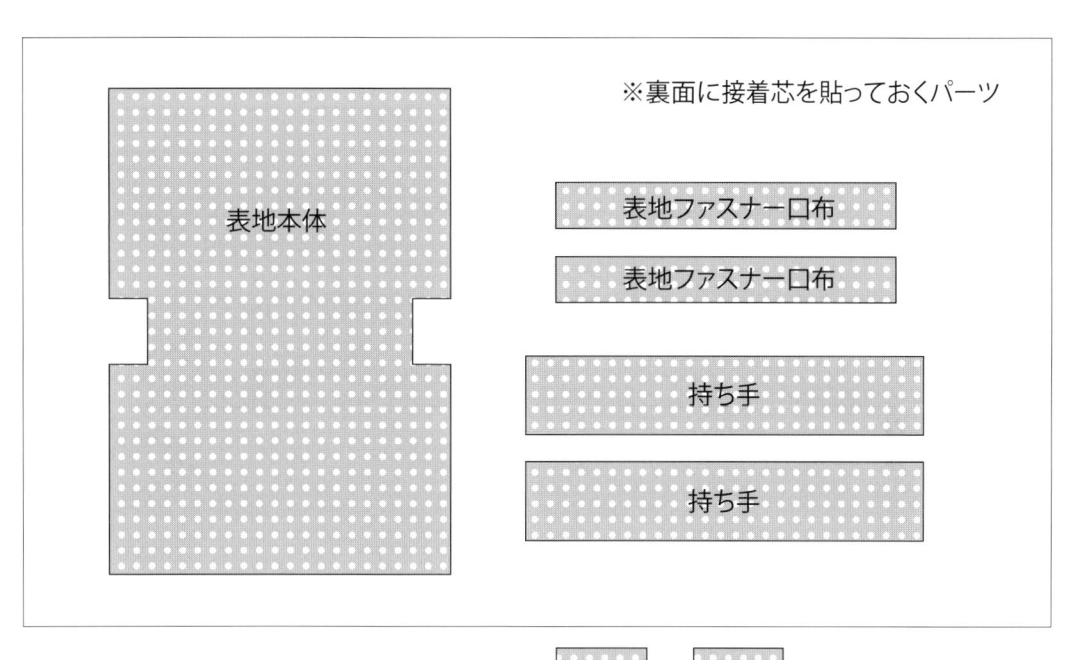

表地本体

表地ファスナー口布

表地ファスナー口布

持ち手

持ち手

ポケット

ポケット

裏地本体

裏地ファスナー口布

裏地ファスナー口布

50cm

**③** 表に返してアイロンで形を整える

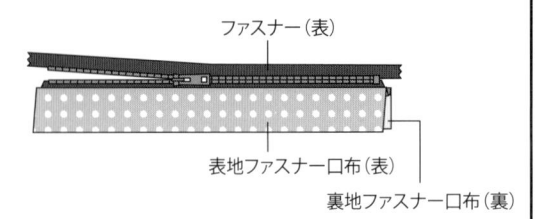

ファスナー（表）
表地ファスナー口布（表）
裏地ファスナー口布（裏）

**④** 反対側も同様に表地と裏地で
ファスナーを挟んで縫い
形を整える

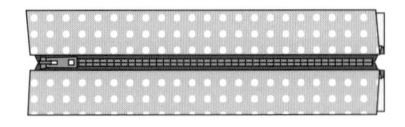

**⑤** 表地同士、裏地同士を
それぞれ中表に合わせ、縫い代1cmで縫う

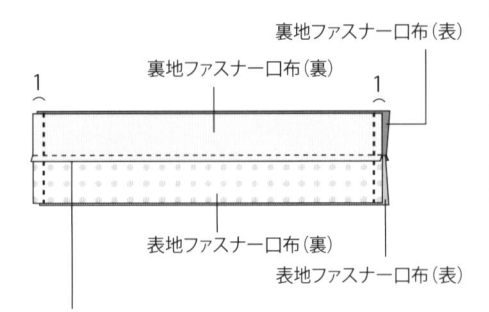

裏地ファスナー口布（表）
裏地ファスナー口布（裏）
1
1
表地ファスナー口布（裏）
表地ファスナー口布（表）

縫い代は表地側に倒す

**⑥** ⑤で縫った縫い代を割り、表に返しておく

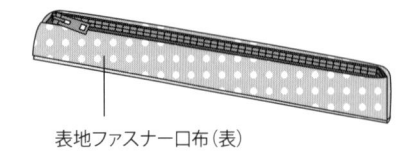

表地ファスナー口布（表）

ファスナー口布ができた！

## 1.ファスナー口布を作る

**①** 表地ファスナー口布とファスナーを
中表に合わせて
布用両面テープで仮どめ
（上耳と下耳は三角に折る）

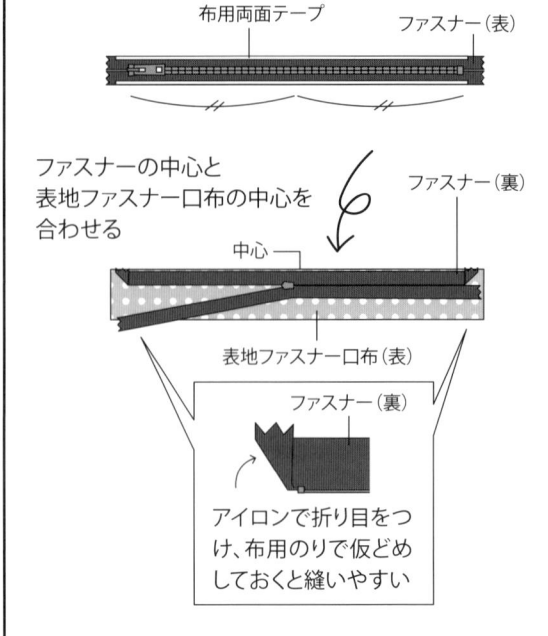

布用両面テープ
ファスナー（表）

ファスナーの中心と
表地ファスナー口布の中心を
合わせる

中心
ファスナー（裏）
表地ファスナー口布（表）

ファスナー（裏）

アイロンで折り目をつ
け、布用のりで仮どめ
しておくと縫いやすい

**②** ①に裏地ファスナー布を
（表地と中表になる
ように）重ねて
縫い代0.5cmで縫う

ファスナー押え使用

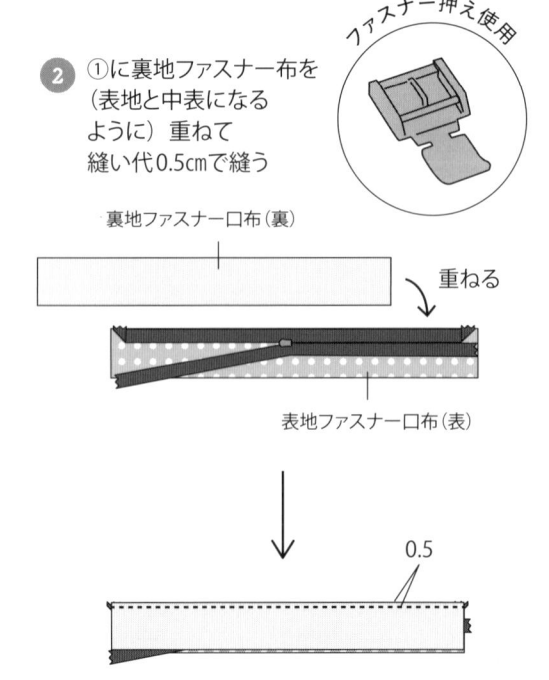

裏地ファスナー口布（裏）

重ねる

表地ファスナー口布（表）

0.5

## 3.持ち手を作る

**1** 持ち手を折る

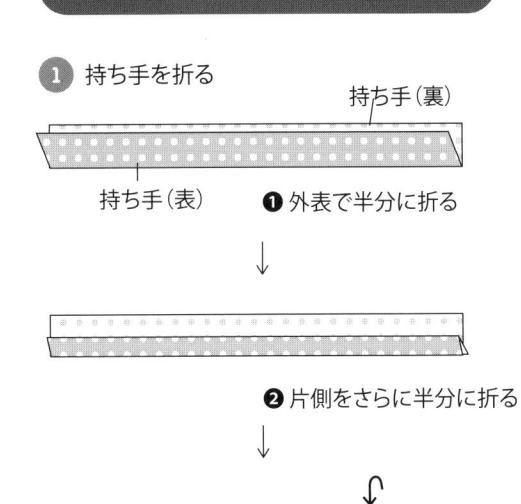

持ち手（裏）

持ち手（表）

❶ 外表で半分に折る

❷ 片側をさらに半分に折る

❸ 残りをかぶせるように折る

こう折ると
段差ができるので
縫い落とししにくい

❹ 一度広げて③の折り目を
内側へ入れる
（こうすると1mmほどの
段差ができる）

**2** 持ち手の両脇を縫う
（このとき、同じ方向で縫うと
持ち手がねじれにくい）
もう1本の持ち手も同様に作る

同じ方向で縫う

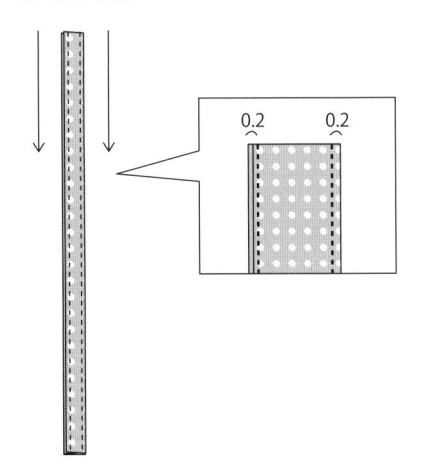

0.2　　0.2

## 2.ポケットを作る

**1** 上辺を2cm、2cmの三つ折りにして縫い
周囲をかがり縫いする

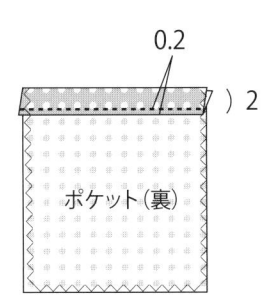

0.2

）2

ポケット（裏）

もう1枚のポケットも同様に

**2** ポケットを本体裏地に縫いつける
（ポケット口の向きに注意する）

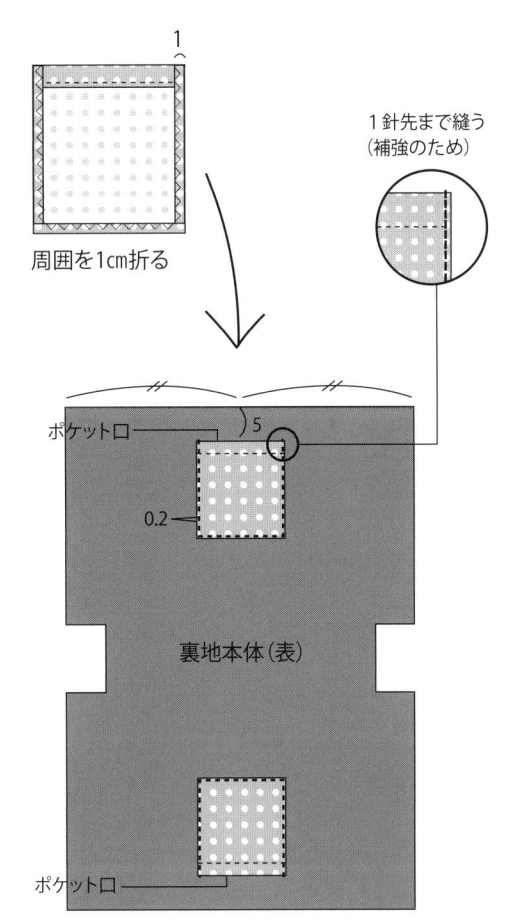

1

周囲を1cm折る

1針先まで縫う
（補強のため）

ポケット口

5

0.2

裏地本体（表）

ポケット口

③ まちを縫い代１cmで縫う
裏地も同様に
（ただし裏地は脇に10cmほど
返し口をあけておく）

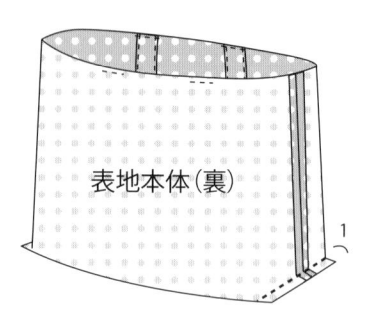

表地本体（裏）

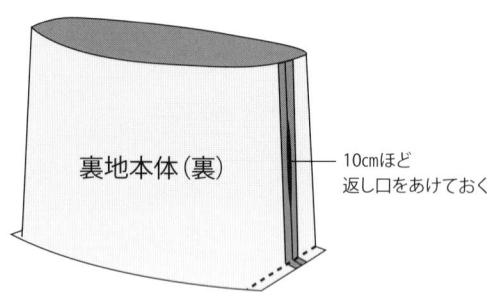

裏地本体（裏）

10cmほど
返し口をあけておく

## 5.パーツを縫い合わせる

① ファスナー口と表地本体が
中表になるように合わせる

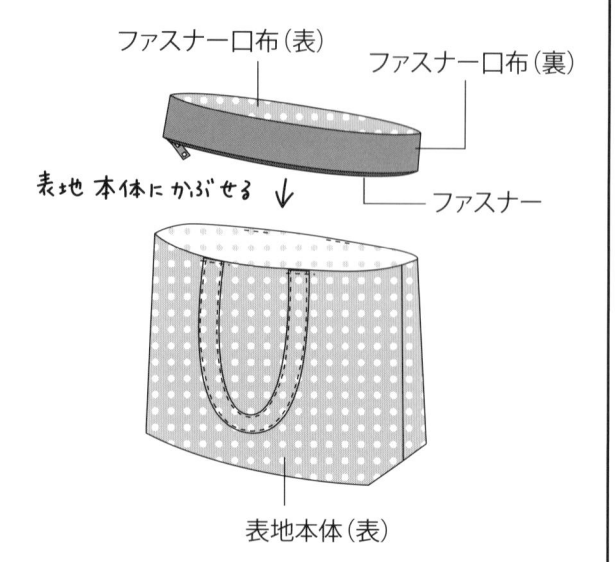

ファスナー口布（表）

ファスナー口布（裏）

ファスナー

表地 本体に かぶせる ↓

表地本体（表）

## 4.本体を作る

① 本体に持ち手を仮どめしておく

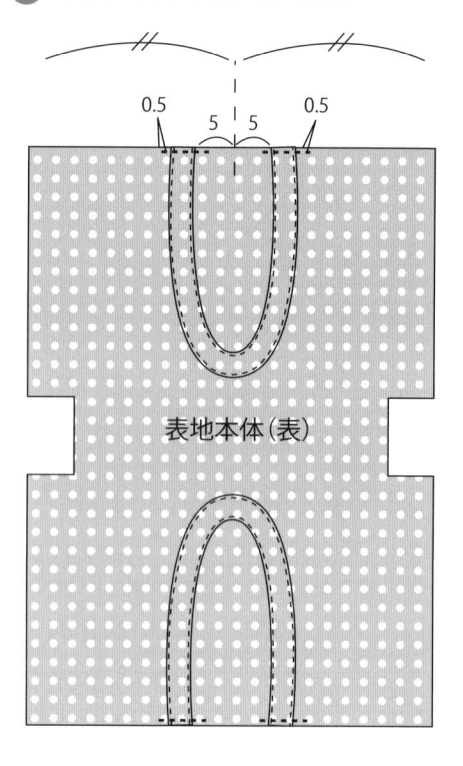

0.5　　5　5　　0.5

表地本体（表）

② 表地を中表に合わせ、両脇を縫い、
縫い代は割っておく

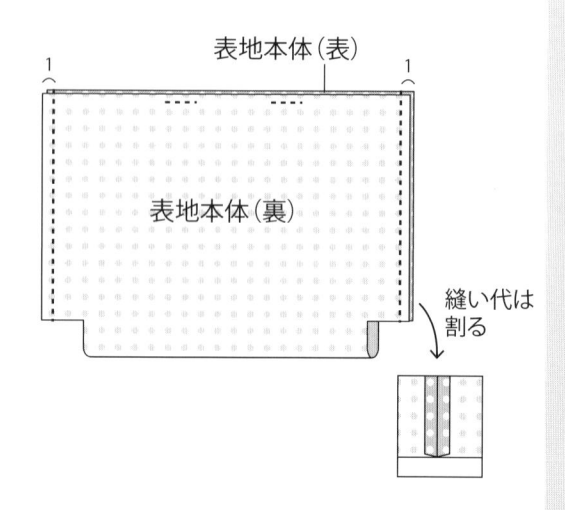

表地本体（表）

1　　　　　　　　　　　　　1

表地本体（裏）

縫い代は
割る

④ 表に返し、形を整えて
ファスナー口布と本体の境目から
0.5cmのところをぐるりと縫う
（持ち手の補強と形を整えるため）

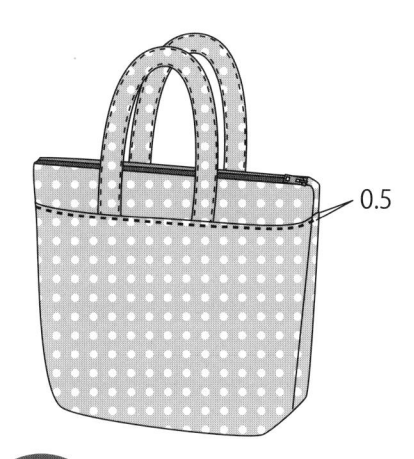

0.5

**完成**

返し口をとじて完成！

表に返すときが
ワクワクする
んだよねー ♪

② ①を裏地本体に入れ、
表地本体と裏地本体が中表になるようにする

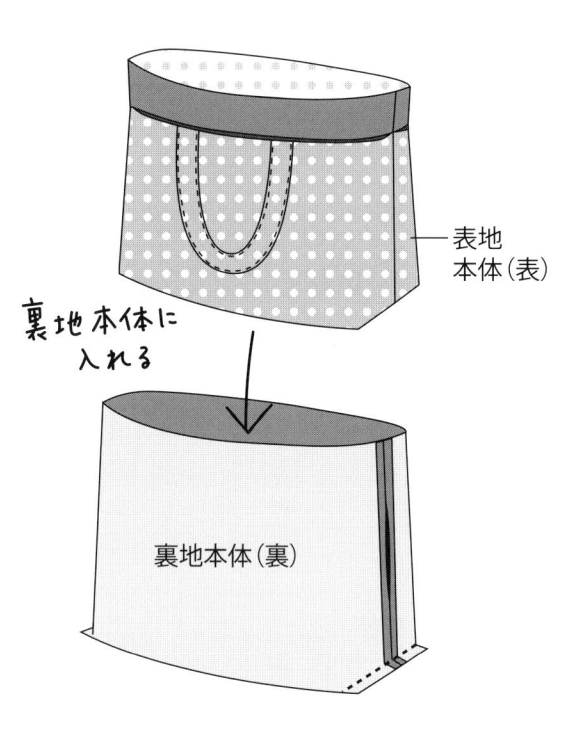

裏地本体に
入れる

表地
本体（表）

裏地本体（裏）

③ 縫い代1cmでぐるりと縫う
縫い代は本体側へ倒しておく

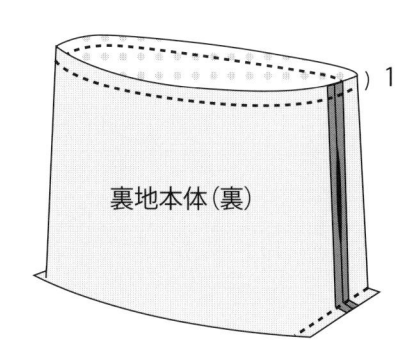

1

裏地本体（裏）

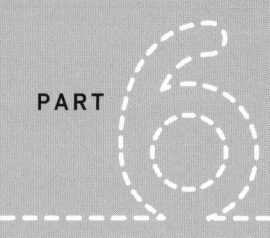
# いろいろな布地にチャレンジ！
## ～薄地・厚地・合皮・フェイクファー

私にもファスナーを縫える日が来るとは思ってなかった！

おまたせー♪

久しぶり　あ、バッグかわいいね

難しいと思ってたことも案外できるんだな

うそー！ファスナーついてる！すごいね　私にはできないー

自分で縫ったの

カンタンだよー

やってみたら案外できるんだな

もはやなんでも縫える気がする！

ミシンなんてやってみたらあんがいカンタンよ

ファスナーが苦手な人は多いけどちょっとしたコツさえつかめばナンタラカンタラ

すっかりミシンにハマっちゃってねー

あははは

尊敬。

スゴイ

服は縫える？・縫えるよ！もちろん

ニットは無理だよね・縫えるよ！まかせなさい

薄地や厚地も？・縫える　って言ってた未来の私が…

フェイクファーや合皮は？・縫える…のかな？・

80

縫いづらいときはこれを試してみて！

# 生地の厚さで縫い方を変えよう

## 薄地をキレイに縫う

実は、厚地よりも難しい薄地縫い。家庭用ミシンの針穴は横長のため、薄地や柔らかい布は針穴に引き込まれやすいのです。その改善策をご紹介します。

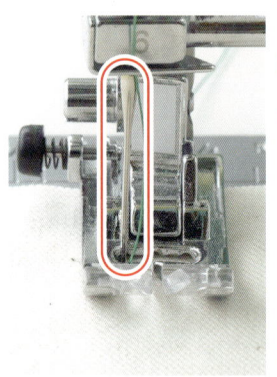

**③ 針を左基線にする**

針の位置を中基線ではなく、左基線に。（38ページ）このひと手間で、布の引き込みが軽減。針基線を変えると、針板の目盛りとの距離が変わるので、縫い代幅に注意。

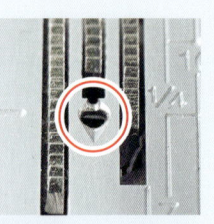

**職業用ミシンの針穴**

直線縫いに特化しているため、針穴は針の大きさに合わせて丸い形に。

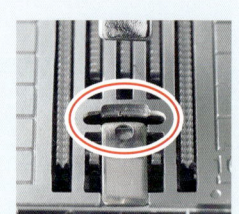

**家庭用ミシンの針穴**

ジグザグ縫いなど、針が横に振れる縫い方に対応できるよう、針穴が横に長い。

**④ 直線縫い用の針穴や押えに替える**

職業用ミシンのように、針の落ちる穴が小さい直線縫い用の針板や、押えを使用。レバーひとつで、針穴を直線用に替えられる機種もある。

90番

9番

**① 薄地に適した針と糸に替える**

サテンやオーガンジーなど、薄くて柔らかい布は、糸のツレや縫い目が目立ちやすいもの。薄地用の針と糸を使えば、目立たなくなる。

**⑤ 薄い紙と一緒に縫う**

トレーシングペーパー、新聞紙など薄い紙を布の下に敷いて縫う。薄紙により布の引き込みを防止できる。縫い終わったら、縫い目で薄紙に折り目をつけ、左右に引っぱってとる。

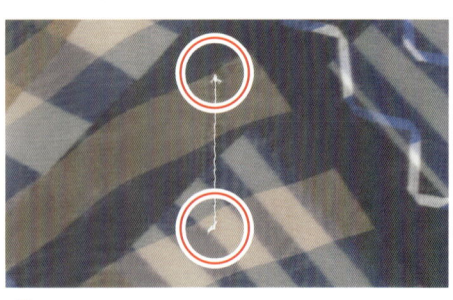

**② 縫い始めと縫い終わりを「止め縫い」に**

返し縫いは針穴に布が引き込まれやすいため、同じ場所を3〜5針縫って止める「止め縫い」に。見た目が目立たないのもGOOD！

# 厚地をサクサク縫う！

デニムや帆布など厚地の素材は、ミシンのパワーによって縫える限界があります。
機種にもよりますが、家庭用ミシンなら、帆布は8〜11号、デニムは10オンスくらいまでを目安に。
バッグや洋服作りでは、何枚も生地を重ねて縫う箇所もあり、苦戦することも……。
厚い布を縫うときの、ちょっとしたコツを覚えておくと便利です。

## ② 生地の厚みを減らす

### 縫い代を割る

布が重なって厚くなった箇所は、針が進みにくい。縫い代を片側に倒すのではなく、割っておくと厚みが半減。

### とんかちでたたく

布をたたいて厚みを減らす方法。布をたたくときは布の下にゴム板や雑誌を敷く、テーブルの脚の上で行うなど、安全策を講じて。木づちでも金づちでもOK。

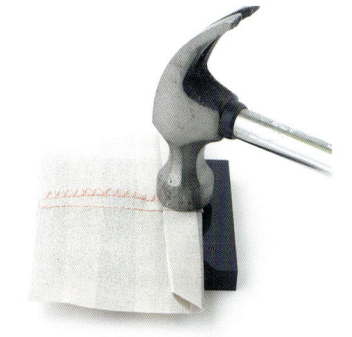

## ① 厚地用の針と糸＆クリップを活用

厚地には、厚地を貫通させる太めの針と、厚い生地を縫い合わせる丈夫な糸が必要！縫い目幅は長め（3mm〜）に設定すると、キレイに縫える。また布が厚すぎてまち針が打てないときは、クリップを活用して。

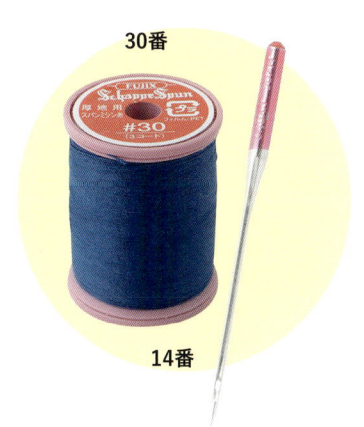

30番

14番

---

**POINT!**

### 段差を縫うテクニック

家庭用ミシンの基本押えは、「船」が動く可動式になっています。
よって、段差が大きいと、生地に船が乗り上げてしまって、針が進まなくなるのが困りもの。
そんなときは、黒いボタン（段違いボタン）を使ってみてください！
船を水平に保ち、難なく縫い進めることができますよ。

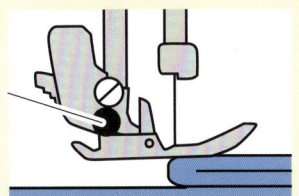

段違いボタン

③ その状態で黒ボタンを押しながら押えレバーを下ろす

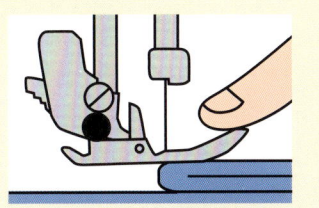

② 押えの手前を押さえて船を生地と平行に

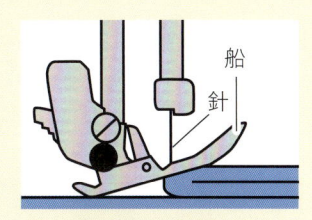

船
針

① 縫い始めの位置に針を下ろす

※船が水平に保たれたまま縫い進めることができ、段差がなくなると押えは自動的に通常の状態に戻ります

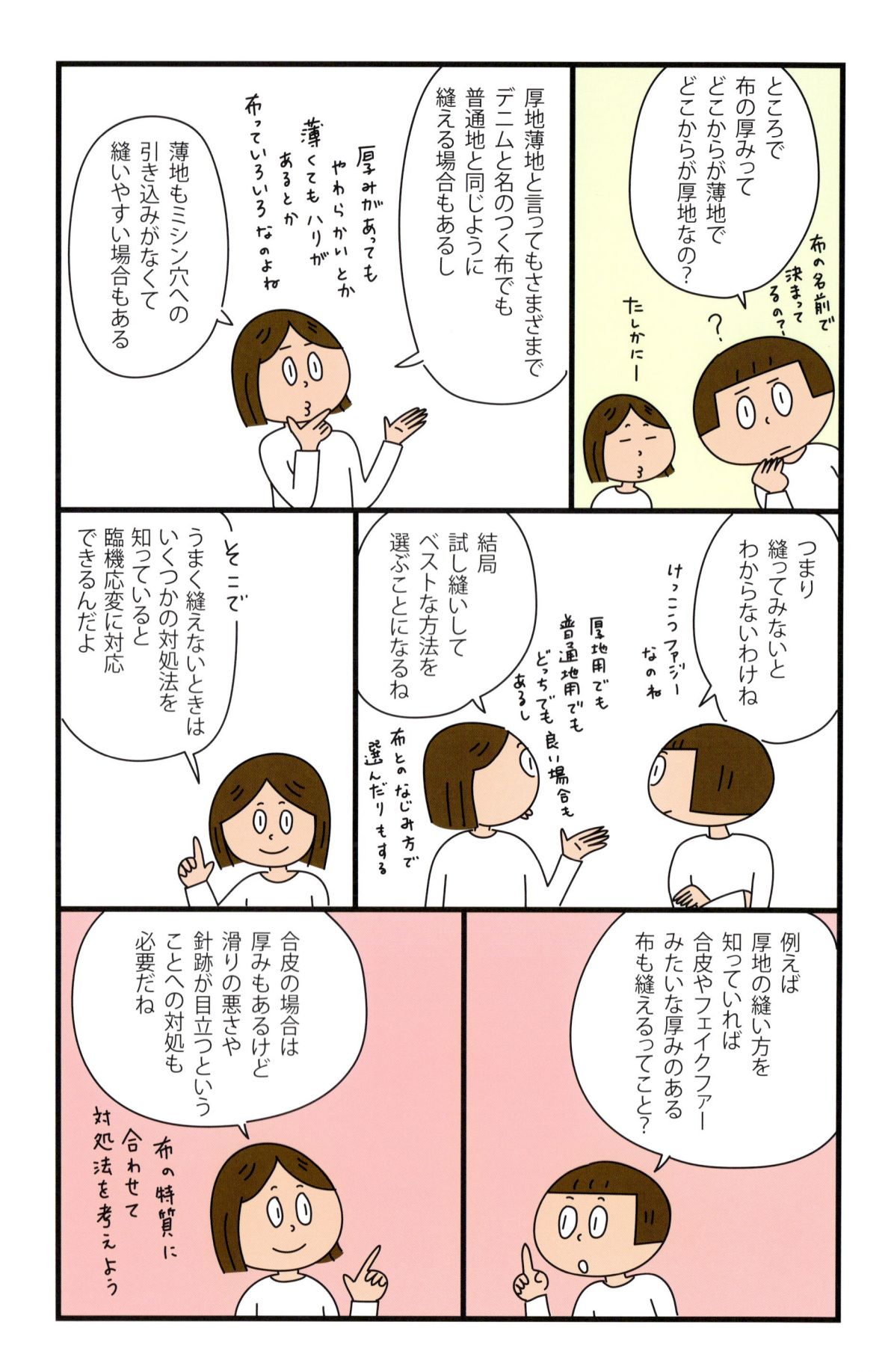

いろんな素材の攻略方法を考えてみよう！

# 変わった素材を縫うポイント

## 合皮を縫ってみよう！

合皮やナイロン、ビニールなどの特殊素材は、針穴が目立つのが特徴です。
仮どめは、まち針ではなくクリップを使うのが最初のポイント。
そして、縫い直しは、最初の針穴が目立つので慎重に！
さらに、縫いずれが起こりやすいため、専用のテフロン押えを使うと安心。
「でも、うちにはテフロン押えがない！」という方には、以下の方法を試してみて。

合皮を縫ったあと、糸を抜いてみると……。
点々と目立つ針穴！

合皮、ビニール、ナイロンなどを縫うときは、厚さに合わせて、普通地用か厚地用の針と糸をチョイス。まち針は用いず、クリップでとめよう。

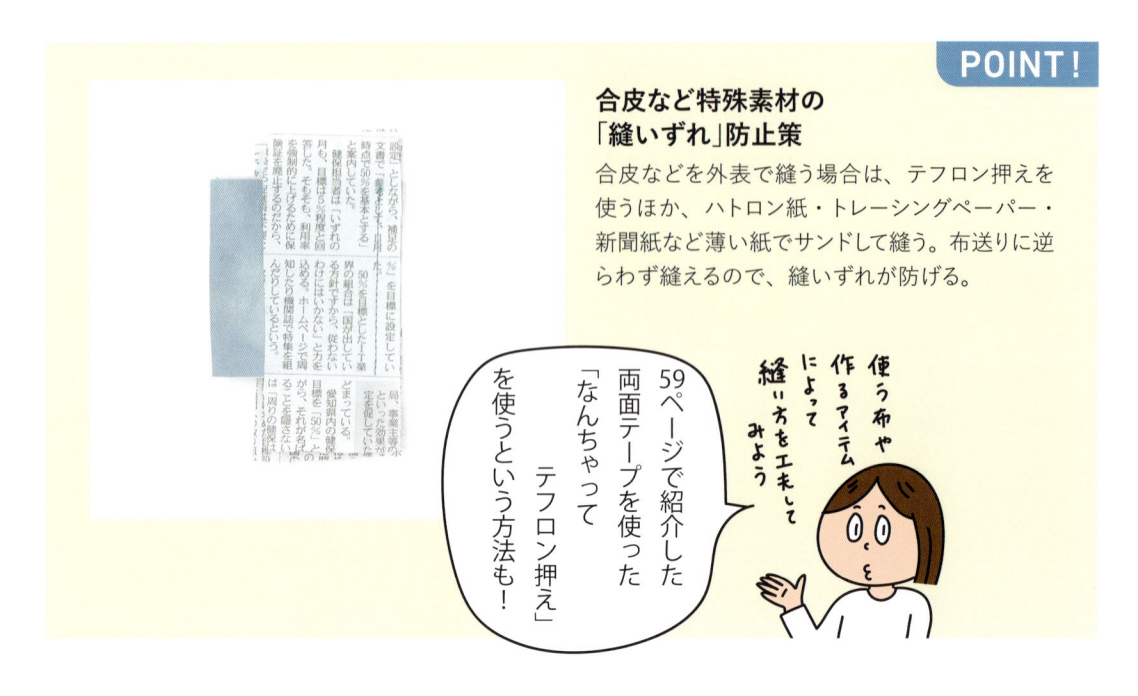

**POINT！**

### 合皮など特殊素材の「縫いずれ」防止策

合皮などを外表で縫う場合は、テフロン押えを使うほか、ハトロン紙・トレーシングペーパー・新聞紙など薄い紙でサンドして縫う。布送りに逆らわず縫えるので、縫いずれが防げる。

使う布や作るアイテムによって縫い方を工夫してみよう

59ページで紹介した両面テープを使った「なんちゃってテフロン押え」を使うという方法も！

# フェイクファーをかっこよく縫い上げる！

化繊でできたフェイクファーの裏面は、織地や編み地。
家庭用ミシンでも 充分に縫うことができます。
とはいえ、普通の布と同じように扱ったり縫ったりは厳禁。
フェイクファーらしく、かっこよく仕上げるためのコツを伝授します。

**POINT！**

| ✕ 表から<br>バッサリ | ◯ 裏から<br>ていねいに |

### フェイクファーの カットは裏面から

フェイクファーは、毛足が一番の魅力で持ち味。その毛足を切らないように、裏面の生地のみ、細かくハサミで切っていくのがコツ。表から毛足ごと切ってしまうと、「パッツン」感が出て、せっかくのファーが台無しに。

毛足に注意！

## フェイクファーを縫うとき・縫った後

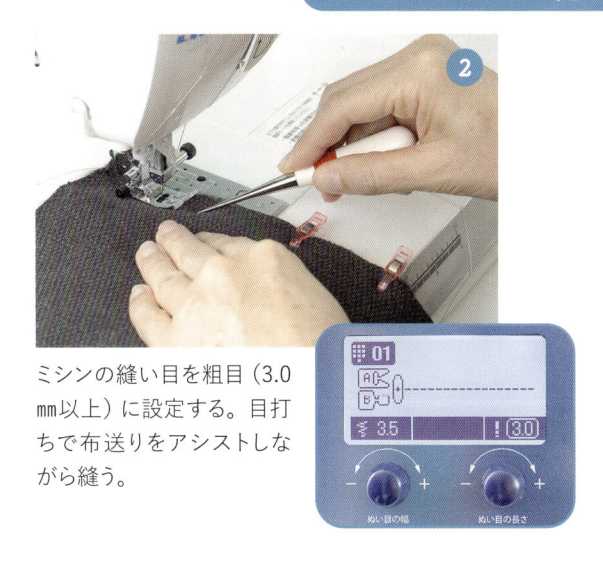

ミシンの縫い目を粗目（3.0mm以上）に設定する。目打ちで布送りをアシストしながら縫う。

フェイクファーのソーイングには、普通地用の針と糸を用意。フェイクファーを重ねて縫う場合、まち針かクリップでとめたら、物差しや目打ちで毛足を内側に入れ込む。

こういう生地は
マイロンは
NGよ

化繊でできているので熱に弱い！
アイロンをかけると毛が溶けてカチカチになることも

縫い終わったら、表から目打ちで毛足を引き出す。粗い縫い目なので、毛足を引き出しやすい。

# 症状別 ミシントラブルの原因と対処法一覧

ミシンユーザー 100名以上にアンケートを実施したところ、
「ミシンのトラブルを経験したことのない人」は、7名のみ！
そのほかの大勢は、ミシントラブルの体験者でした。
そこで！ ミシンの代表的なトラブルを抽出し、その原因と家庭でできる対処法をご紹介します。
症状の深刻度やミシンの状態により、「必ず直る」と断言はできませんが、試してみる価値アリです。
ここでご紹介した方法で改善が見られない場合は、
まずはミシンを購入した販売店に相談してみましょう
（そのほかの修理問い合わせ窓口は、95ページを参照）。

**監修：タケダミシン**
国内の全ミシンメーカーの正規代理店。家庭用・工業用ミシンの販売のほか、修理はもちろんワークショップも勢力的に開催。修理部門には全国からのミシンが集まり、1級縫製機械整備技能士6名など、熟練者が修理を担当。洋裁インストラクターも多数で、ミシンを使う人のためのサポート体制には定評のあるミシン専門店。
https://www.takedamishin.com/

## ◆動かない・動きにくい

| トラブル！ | 原因など | 対処法 |
|---|---|---|
| ミシンが動かない | 下糸巻きモードのままになっている。 | 下糸巻きモードを解除する。 |
| | 電源コードが正しくセットされていない。 | 正しくセットし直す。 |
| | 電源スイッチが「OFF」になっている。 | スイッチを「ON」にする。 |
| | ボビンケースが正しくセットされていない。 | ボビンケースを正しい位置にセット。 |
| | フットコントローラーを使っていない。 | コントローラーをつないだら、フットコントローラーを使用する。 |
| 布を送らない | 送り歯が下がっている。 | 送り歯を上げる。 |
| | 押えを下ろしていない。 | 押え上げレバーを下ろす。 |
| | 送り歯にゴミがたまっている。 | 針板をはずして掃除する。 |
| | 上糸が正しくかけられていない。 | 押えを上げ、上糸をかけ直す。 |
| はずみ車が回らない | 油が切れている。 | 注油する（ただし家庭用ミシンの場合は専門店に依頼するのがベター）。 |
| 回転が重い | 内釜に糸がからまっている。 | からまった糸を取り除く。 |
| | 送り歯や内釜にゴミがたまっている。 | ゴミを取り除く。 |
| 縫い始めの段差で進まない | 布の重なりが厚すぎる。 | とんかちでたたいて薄くする／押え固定ピンで調整する。 |

## ◆ 糸調子のトラブル

| トラブル！ | 原因など | 対処法 |
|---|---|---|
| 糸が切れる | 糸が古い／粗悪品／針板に傷がある。 | 新しい糸に替える。<br>針板を紙ヤスリで研磨／針板を交換。 |
| 糸調子がよいかどうか<br>わからない | 本番と同じ布・糸で試し縫いをする。 | 縫い目を左右に引っぱり、<br>ほつれや大きな隙間がなければOK。 |
| 糸調子が合わない | 糸こまが適切なサイズではなく<br>上糸のジャマに。 | 糸こまの径と同じ、<br>もしくは小さい糸こま押えを使う。 |
| | ミシンに合ったボビンを使っていない。 | ミシンについていたボビン<br>（樹脂製または金属製）のタイプに替える。 |
| | 上糸が正しくかけられていない。 | 押えを上げ、上糸をかけ直す。 |
| | 糸くずが内釜にたまっている。 | 糸くずや汚れなどを取り除き、掃除をする。 |
| | 布地に合った針や糸を使っていない。 | 布に合った針や糸に付け替える。 |
| | 上糸調節が適切ではない。 | 「自動調節」にする／通常の数値にする。 |
| 上糸が布の<br>表側でたるむ | 押えを下げた状態で、上糸をかけている。 | 押えを上げ、上糸をかけ直す。 |
| | 針が曲がっている／針先がつぶれている。 | 新しい針と取り替える。 |
| 布の裏側で<br>糸がからむ | 押えを下げた状態で、上糸をかけている。 | 押えを上げ、上糸をかけ直す。 |
| | 上糸調節が適切ではない。 | 「自動調節」にする／通常の数値にする。 |
| | 縫い始めに、糸を押えの後ろに引いていない。 | 糸を押えの後ろに引く。 |

## ◆ 上糸のトラブル

| トラブル！ | 原因など | 対処法 |
|---|---|---|
| 上糸が切れる | 布地に合った針や糸を使っていない。 | 布地に合った針や糸に付け替える。 |
| | 押えを下げた状態で、上糸をかけている。 | 押えを上げ、上糸をかけ直す。 |
| | 上糸調節が適切ではない。 | 「自動調節」にする／通常の数値にする。 |
| | 糸こまに上糸が引っかかっている。 | 適切なサイズの糸こま押えをつける。 |
| | 針が曲がっている／針先がつぶれている。 | 新しい針（布に合った針）に交換する。 |
| | 針が正しくセットされていない。 | 針を正しくセットし直す。 |
| | 縫い始めに、糸を押えの後ろに引いていない。 | 糸を押えの後ろに引く。 |
| 針穴に上糸を通せない | 自動糸通しの場合、針が下がっている／<br>普通地用糸に薄地用の針を使用。 | 針を適切な位置に上げる（取扱説明書を参照）／<br>普通地用の針を使用。 |

この3つが
トラブル対処の基本！

・糸をかけ直す
・布に合った針と糸に
・内釜の掃除

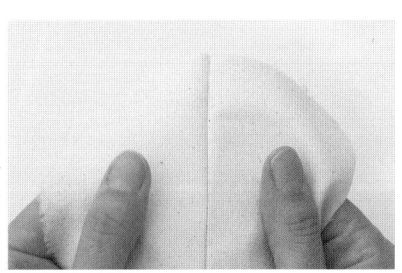

糸調子の確認には、試し縫いが必須！ 使う布を2枚重ね、使う糸で縫うのが大切。

## ◆上糸のトラブル（続き）

| トラブル！ | 原因など | 対処法 |
|---|---|---|
| 縫い始めに<br>上糸が抜ける | 天秤を下げた状態で上糸をかけている。 | 天秤を上げて、正しく上糸をかけ直す。 |
| 上糸がからまる | 押え上げを下げた状態で、<br>上糸をかけている。 | 押え上げを上げ、上糸をかけ直す。 |
| 上糸が内釜にからまる | ボビンケースが正しい位置にない。 | 内釜にからまっている糸を取り除き、<br>正しい位置にセットし直す。 |
| | ボビンケースにキズがあり、<br>糸が引っかかる。 | 傷のないボビンケースに取り替える。 |
| 上糸がつる | 縫い目のガイドがない状態で縫っている。 | 上糸をセットするとき、切り溝がある方を<br>奥にする。 |

## ◆下糸のトラブル

| トラブル！ | 原因など | 対処法 |
|---|---|---|
| ボビンにうまく<br>下糸を巻けない | 正しく糸がかけられていない。 | 取扱説明書を読み、<br>正しい糸通しを確認して行う。 |
| | 糸巻き糸案内の状態が適切ではない。 | 糸巻き糸案内を左か右に少し締めて調整。 |
| 下糸の調子が悪い | 釜の溝に下糸を引っかけていない。 | 正しくセットし直す。 |
| | 上糸と違う種類の糸を下糸に使っている。 | 上糸と同じ種類の糸にする。 |
| 下糸が切れる | 内釜や送り歯にゴミがたまっている。 | 内釜や送り歯のゴミを掃除する。 |
| | ボビンケースが正しい位置にない。 | 正しくセットし直す。 |
| | ボビンケースにキズがあり、<br>糸が引っかかる。 | 傷のないボビンケースに取り替える。 |
| | 布地に合った針や糸を使っていない。 | 布地に合った針や糸に付け替える。 |
| 返し縫いのとき<br>下糸がからまる | 下糸ではなく、<br>上糸が正しくかけられていない。 | 押えを上げ、上糸をかけ直す。 |
| | 押えを下ろし忘れている。 | 押えを下ろす。 |
| 内釜に糸がからまる | 下糸ではなく、<br>上糸が正しくかけられていない。 | 押えを上げ、上糸をかけ直す。 |
| | ボビンが変形している。 | 新しいボビンケースを使用する。 |
| | ミシンに合ったボビンを使っていない。 | ミシンに付属していた種類<br>（樹脂または金属）のボビンケースを使用する。 |
| | ボビンに糸を巻くときの初めの糸を、<br>きれいに処理していない／上糸調子が弱い。 | 余った糸をきれいに処理し、再度ボビンにセット／<br>糸調子を調整。 |

## ◆異音！

| トラブル！ | 原因など | 対処法 |
|---|---|---|
| 大きな音 | 何か問題が起こっている。 | 電源を切る&修理店で点検してもらう。 |
| カチカチ<br>ぶつかっている音 | 針が針板にぶつかっている。 | 針を正しく付け直す。 |
| プスプス／プツプツ | 針先が丸くなっている。 | 新しい針に付け直す。 |
| エラー音 | 間違った操作をしている。 | 縫うときに押えを下げているなら上げる／<br>針板カバーを正しくつけているかなどチェックする。 |

## ◆針が折れる・曲がる

| トラブル！ | 原因など | 対処法 |
|---|---|---|
| 針が折れる・曲がる | 布地を無理に引っぱっている。 | 布には手を沿わせる程度にして縫う。 |
| | 布地に対して細すぎる針を使用している。 | 布地に合った針に付け替える。 |
| | 押えが正しくセットされていない。 | 押え止めネジを締め直し、正しくセットする。 |
| | ボビンケースが正しい位置にない。 | ボビンケースを正しい位置にセットし直す。 |
| | 針の付け方が間違っている。 | 針を正しく付け替える。 |
| | 針が曲がっている／針先がつぶれている。 | 新しい針に交換する。 |
| | 上糸が糸を引っかける「切り溝」に引っかけている。 | 上糸をセットするとき、切り溝がある方を奥にする。 |
| 針の替えどきがわからない | 1年以上同じ針を使っている（使う頻度にもよる）。 | 針が曲がっていないか、摩耗していないかチェック。 |

## ◆縫い方や縫い目の不調

| トラブル！ | 原因など | 対処法 |
|---|---|---|
| まっすぐに縫えない | 縫い目のガイドがない状態で縫っている。 | 針板のガイドを利用して、まっすぐに縫う。 |
| 曲がり角を縫えない | 角でいったん止まっていない。 | 角で針を刺したまま、布を90度回転させる。 |
| カーブが縫えない | 針を見ながら縫っている。 | 針板のガイドを利用して、カーブを縫う。 |
| 縫い目が細かい | 送り目のダイヤルが「0」になっている。 | 「自動調節」にする／通常の数値にする。 |
| 縫い目が飛ぶ | 布に合った針・糸を使っていない。 | 布と針・糸の関係を合わせる。 |
| | 針が曲がっている、先がつぶれている。 | 新しい針と取り替える。 |
| | 針が針棒のいちばん奥まで入っていない。 | 針を正しく付け直す。 |
| | 上糸調子が強すぎる。 | 上糸調子を弱める。 |
| | 上糸のかけ方が間違っている。 | 取扱説明書等を見て、正しくかけ直す。 |
| | 糸くずが内釜にたまっている。 | 内釜の糸くずを取り除く。 |
| | 針の取り付け方が間違っている。 | 正しく針をセットし直す。 |
| 縫い目にシワ | 針が曲がっている／針先がつぶれている。 | 新しい針に交換する。 |
| | 薄物に対して針が大きすぎる。 | 布地に合った糸や針に付け替える。 |
| | 上糸のかけ方が間違っている。 | 取扱説明書等を見て、正しくかけ直す。 |
| | ボビンケースが正しい位置にない。 | ボビンケースを正しい位置にセットし直す。 |
| | 送り目のダイヤルが「0」になっている。 | 「自動調節」にする／通常の数値にする。 |
| | 布地に合った目の送りになっていない。 | 布地に合った目に調整し直す。 |
| 縫い目に輪ができる | 布地に合った目の送りになっていない。 | 押え上げを上げた状態で、上糸かけを行う。 |

## ◆メンテナンスがわからない

| どうすれば? | 対処法 |
| --- | --- |
| 内釜の掃除方法が<br>わからない | 本書で漫画(p20〜21)を読みながら学ぶ。<br>それでもわからなければ、メーカーや修理店のレクチャーを受ける。メンテ方法も聞けてお得! |
| 取扱説明書を<br>読むのが苦手 | 本書で漫画を読みながら学ぶ。<br>それでもわからなければ、メーカーや修理店のレクチャーを受ける。メンテ方法も聞けてお得! |
| 針穴にバリが<br>できている | 曲がった針を使っている。針を交換して、ヤスリでバリを削る。 |
| 針板のはずし方が<br>わからない | 本書で漫画を読みながら学ぶ(p20参照)。<br>それでもわからなければ、メーカーや修理店のレクチャーを受ける。メンテ方法も聞けてお得! |
| ミシン油は使うべき? | 家庭用ミシンの場合、原則として自宅メンテでは用いない。<br>音や動きが気になるようなら修理店へ依頼するのがベスト。 |
| いい修理屋さんが<br>見つからない | 原則として、購入店に修理を依頼。<br>販売店が閉店や引っ越し等で対応が難しい場合は、メーカーやミシン専門の修理店へ。 |
| ミシンの内蔵ランプが<br>切れた | 自分で取り替えはできない。購入店舗またはメーカーに連絡。 |
| ミシン本体の掃除 | 汚れが目立つ場合に行う。電源を切って、乾いた布で拭く(ベンジン等は使わない)。 |
| 何年も動かしていない<br>ミシンは? | すぐに電源を入れて動かさない! まず内釜や針板等の掃除をして、はずみ車を回す。 |

## ◆ミシン選びの疑問や不安 (p25 〜 31も参照)

| どうなの? | 対処法 |
| --- | --- |
| 重いミシンのほうが<br>いい? | 縫っている最中揺れないので実は初心者向け。7kgくらいを目安に。 |
| 職業用と家庭用の<br>違いは? | 直線縫い以外にも機能が欲しいなら家庭用を。<br>厚物縫いや使用頻度が増えるなど、状況が変わったら買い替えを検討。 |
| 中古品でもよい? | できれば新品のほうが安心。中古を購入するときは、専門店でメンテナンス済みの品を。 |
| 電動・電子・コンピューター<br>ミシン……どれがいい? | 作りたいもの、使いたいスペックで選択。ビギナーは自動糸調子のコンピューターミシンがラク。 |
| ミシンは「馬力」? | 1分に何針縫えるか＝「回転数」をチェック。回転数が多いミシンほど、耐久性に富んだ作り。 |
| 安いミシンはダメ? | 安さには理由がある(部品がプラスチック、機能が少ないなど)。使う頻度などを考慮して選択を。 |

## ◆そのほか 「コレ、どうしたらいいですか?」

| アドバイス | 対処法 |
| --- | --- |
| 折れた針の始末 | 地方自治体のルールに基づいて対処。ゴミ収集時、事故を招かぬよう慎重に処理を。 |
| ミシンの保管方法 | 付属のカバーをかぶせて湿気のないところに。温度変化や湿気は厳禁。 |
| 説明書を<br>なくしてしまった | 今後も使うことが多いので再入手を。各メーカーのホームページからダウンロードする。 |
| 長時間使用すると<br>本体が熱くなる | 内部の制御部品の発熱によるもの。使用上の問題はなし。 |
| ミシンが入っていた<br>箱がジャマ | 修理に出すときのため保管をおすすめ。梱包の手間が減るので、ぜひ保管を。 |

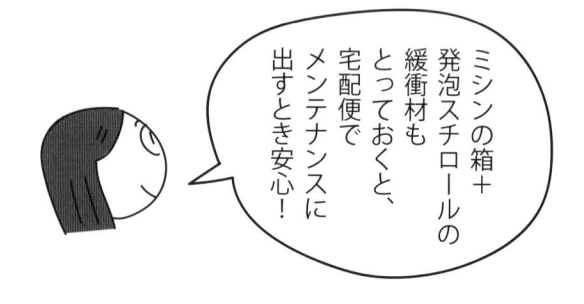

ミシンの箱＋発泡スチロールの緩衝材もとっておくと、宅配便でメンテナンスに出すとき安心!

ミシンが壊れたのに、買ったお店に修理を頼めない！ そんなときは

# ミシンメーカーの修理窓口

あれこれ試してみたけれど、ミシンの不具合が直らない。こうなったらプロにお願いするしかない……となったら、
まずはそのミシンを購入したショップに連絡してください。
もし店舗の閉鎖や引っ越し等で、購入店での対応が難しい場合には、ミシンメーカーでも相談に乗ってくれますよ。

## ◆代表的なミシンメーカーのホームページ＆問い合わせ窓口（50音順）

| メーカー名 | 問い合わせ窓口 |
| --- | --- |
| アックスヤマザキ<br>**AXE YAMAZAKI** | ・修理のご案内　https://www.axeyamazaki.co.jp/support/repair/<br>・アックスヤマザキサービスセンター　☎0120-40-5851<br>（月〜金9:00〜17:00　※ただし祝祭日除く） |
| ジャノメ<br>**JANOME** | ・ミシンに関するお問い合わせ　https://www.janome.co.jp/contact.html<br>・お客様相談室　☎0120-026-557（平日9:00〜12:00／13:00〜17:00） |
| ジューキ<br>**JUKI** | ・修理サービスのご案内　https://www.juki.co.jp/household_ja/support/repair/index.html<br>・家庭用ミシンお客様相談室　☎0120-677-601／<br>（月〜金9:00〜12:00／13:00〜17:00　※ただし祝祭日及び年末年始・夏期の休業日を除く） |
| シンガー<br>**SINGER** | ・修理の受付方法　http://singer.happyjpn.com/support/repair/<br>・お客様相談係　☎0120-824-488（月〜金9:00〜12:00／13:00〜17:00<br>※ただし祝祭日・年末年始を除く） |
| ブラザー<br>**brother** | ・修理サービス　https://www.brother.co.jp/product/sewing_support/repair_serv/index.aspx<br>・ブラザーコールセンター（家庭用ミシンに関するお客様相談窓口）　☎0570-061134<br>（月〜金9:00〜12:00／13:00〜17:00　※ただし祝日とブラザー指定休日を除く） |
| ベビーロック<br>**baby lock** | ・修理のご案内　https://www.babylock.co.jp/repair/<br>※修理の窓口は購入店。もし閉店・移転等で難しい場合、最寄りのベビーロック取扱店を以下で紹介。<br>・東京　☎03-6261-4151／大阪　☎06-6967-3300／福岡　☎0942-44-7921<br>（9:00〜12:00／13:00〜17:00　※ただし土日祝日、ベビーロックの特別休業日を除く） |

**Keyword** ミシンの修理専門店を探すとき役立つキーワード
## 縫製機械整備技能士

「縫製機械整備技能士」とは、ミシンなどの縫製機械を整
備するための知識・技能を持った専門技術者のこと。
1級（上級技能者レベル・厚生労働大臣が認定）と、2級
（中級技能者レベル・都道府県知事が認定）がある。こう
した技術者がいるショップなら、一定の修理スキルを有

していると判断できる。
また一般社団法人 日本縫製機械工業会では、ホーム
ページで「縫製機械整備技能士の店」を紹介。ミシン修
理店を探す際に、参考にするのもオススメ。
https://jasma.or.jp/skill.html

ブックデザイン／小林 宙、福田恵子
（COLORS）

撮影／有馬貴子・岡 利恵子
（ともに本社写真編集室）

校閲／滄流社

編集／河村ゆかり

編集担当／小柳良子

本書の製作にあたり、以下の皆さまに
多大なるご協力をいただきました。
心より感謝申し上げます（順不同）。

**株式会社アックスヤマザキ**
https://www.axeyamazaki.co.jp/　☎06-6717-5851

**株式会社ジャノメ**
https://www7.janome.co.jp　📠 0120-026-557

**JUKI株式会社（お客様相談室）**
https://www.juki.co.jp/household_ja/
📠 0120-677-601

**株式会社ハッピージャパン（シンガーミシンお客様相談係）**
http://singer.happyjpn.com/　☎03-3837-1862

**ブラザー販売株式会社**
https://www.brother.co.jp　✉0570-061-134

**株式会社ベビーロック**
https://www.babylock.co.jp　☎03-3265-2851（代表）

アンケートにご協力いただきました
ミシンソーイングを愛する
たくさんの皆さま。

# 津田蘭子の「ミシンの困った！」解決BOOK

著　者　津田蘭子
編集人　石田由美
発行人　殿塚郁夫
発行所　株式会社主婦と生活社
　　　　〒104-8357　東京都中央区京橋3-5-7
　　　　https://www.shufu.co.jp/
　　　　編集部　03-3563-5361
　　　　販売部　03-3563-5121
　　　　生産部　03-3563-5125
製版所　東京カラーフォト・プロセス株式会社
印刷所　大日本印刷株式会社
製本所　共同製本株式会社